Suppen
&Eintöpfe

BILDNACHWEIS

Umschlag: Stockfood
Kern: Alle Abbildungen Manfred Wagner (www.derfotograph.com)
außer Pichelsteiner Eintopf (Peter Schneider)

Wir bedanken uns herzlich bei der Gmundner Keramik, die uns freundlicherweise das Geschirr für die Fotos zur Verfügung gestellt hat.

IMPRESSUM

Achauer Straße 49a, A-2333 Leopoldsdorf, E-Mail: buch@avbuch.at, Internet: www.avbuch.at

ISBN: 3-7040-2098-2

Lektorat und Herstellung:
Claudia Stoifl für avBUCH
Korrektorat: Anja Lungstraß
Bildreproduktion: Hantsch & Jesch
PrePress Services OEG, Leopoldsdorf bei Wien
Grafische Gestaltung und Satz:
armanda,geisler Wien
Druck und Bindung:
AV+Astoria Druckzentrum GmbH, Wien

Printed in Austria

Tobias Hierl • Fotos: Manfred Wagner

Suppen & Eintöpfe

Traditionell • Klassisch • Modern

av Buch

Inhalt

REZEPTE

2.2. FISCHSUPPEN

2.3. SUPPEN MIT FLEISCH

2.4. FRUCHTSUPPEN

3. Eintöpfe 93

4. Suppeneinlagen & Saucen ... 113

4.1. SUPPENEINLAGEN

4.2. SAUCEN

ANHANG

1. Einleitung

1.1. KURZE GESCHICHTE DER SUPPEN

Die Suppe gehört zu den ältesten Gerichten der Kochgeschichte. Schon in der Frühzeit des Kochens, in der Steinzeit, wurden abgedichtete Säcke oder Gefäße mit diversem Gemüse oder Fleisch sowie Wasser gefüllt und durch glühende Steine erhitzt.

Im Laufe der Zeit wurden die Zutaten immer aufwändiger, die einfache Suppe behielt jedoch ihren Stellenwert. Man begann allerdings eine Reihenfolge beim Essen einzuführen: zuerst gab es die Suppe und anschließend wurden die darin gegarten Zutaten gereicht.

Von der Suppe sind alle Saucen, Eintöpfe, Brühen, Breie – kurz alles in Wasser, Milch und Wein Gekochte abgeleitet. In jeder europäischen Sprache gibt es eine Ableitung des Wortes Suppe, etwa im Italienischen „zuppa", im Französischen „soupe" oder im Spanischen „sopa". Obwohl man natürlich auch alleine seine Suppe löffeln kann: Suppen sind vor allem Mahlzeiten für viele Personen. Deshalb gilt eine Suppe auch als ideales Familienessen, das sich problemlos vorbereiten und wieder erwärmen lässt. Sie wird dann nämlich nicht schlechter, sondern eher noch besser, sie verändert sich ein wenig in der Gestalt. Das Geheimnis guter Suppen liegt darin, dass man sie langsam kocht, damit die Zutaten Zeit haben sich zu verbinden und ihre Wirkungen entfalten können.

Die Suppe verbindet auch die Gesellschaft. Ob nun in der Hochküche oder auf dem Land, eine Suppe war und ist immer willkommen. Verschiedene Kulturen haben ihre eigenen Suppen und deshalb wirken sie auch identitätsbildend. Die italienische Minestrone, die serbische Bohnensuppe, den russischen Borschtsch oder den Wiener Suppentopf kennt wohl fast jeder. Einen weiteren Vorteil hat die Suppe, ist sie doch Grundlage jeglichen Fonds, der als Geschmacksträger bei allen Hauptgerichten fungiert.

Darüber hinaus erfüllt eine Suppe alle Kriterien der gesunden und modernen Ernährungstheorie. Sie macht satt, aber nicht dick, hat einen geringen Fettgehalt, denn das Fett wird abgeschöpft und auch die Inhaltsstoffe der Zutaten gehen nicht verloren, denn die Kochflüssigkeit wird mitgegessen. Vor allem Gemüsesuppen sind für moderne Menschen die richtige Nahrung.

Auch durch ihren Variantenreichtum haben Suppen deshalb ihren Stammplatz in einer gesunden und ausgewogenen Ernährung.

1.2. DIE VERSCHIEDENEN ARTEN DER SUPPEN

Grundsätzlich wird zwischen klaren und gebundenen Suppen unterschieden.

Die typische klare Suppe, auch Bouillon genannt und die Kraftsuppe oder Consommé werden aus Fleisch und Knochen hergestellt. Die Zutaten werden vor dem Aufgießen ein wenig angeröstet. Danach muss die Suppe reduziert, d.h. ungefähr auf die Hälfte der Menge eingekocht werden. Die Suppe sollte dabei erst gegen Ende gesalzen werden, da sie durch das Reduzieren der Flüssigkeit noch salziger wird. Außerdem wird sie durch Klärfleisch oder Eiklar geklärt. Weiter unten wird dieser Vorgang beschrieben.

Gebundene Suppen unterscheidet man nach der Art der Bindung. Zu einer Einmachsuppe wird eine Mehlschwitze mit Fett oder Butter mit Suppe aufgegossen.

Für Rahmsuppen wird eine Béchamelsauce produziert, wieder mit Suppe aufgegossen und mit Obers verfeinert. Heute werden eher leichte Suppen bevorzugt. Das Mehl macht die Suppe zwar sämiger, doch auch schwerer.

Eine gute Alternative sind deshalb Püreesuppen. Dabei werden Gemüse, Hülsenfrüchte, aber auch Fleisch oder Fisch püriert. Sollte noch eine weitere Bindung nötig sein, kann mit Reis, Kartoffeln oder Linsen, je nach Richtung der Suppe, gearbeitet werden.

Der Übergang von der Suppe zum Eintopf ist fließend und mitunter wird die Einteilung schwierig. „Suppigen" Charakter haben beide. Grob gesagt ist ein Eintopf dicker und enthält weniger Flüssigkeit, wie etwa ein Irish Stew.

1.3. DIE GRUNDREZEPTE

Im Folgenden werden wichtige Grundrezepte vorgestellt, die sich alle variieren lassen. Der Rezeptteil, der auf diesen Grundrezepten basiert, ist deshalb auch als Anregung zu verstehen, selbst weitere Varianten auszuprobieren. Grundsätzlich gilt, wenn die Möglichkeit des Einfrierens besteht: seien Sie großzügig mit der Menge, denn alle klaren Suppen sowie Suppen, die noch nicht mit Obers, Rahm oder Ei versetzt sind, lassen sich problemlos einfrieren und sind selbst gemacht auf alle Fälle besser, als die meisten Fertigprodukte.

Gemüsesuppe

ZUTATEN: 2 EL Olivenöl, 6 Karotten, 2 Kartoffeln, 1/4 Knollensellerie, 2 Gelbe Rüben, 2 Petersilienwurzeln, 1/2 Stange Lauch, 2 Tomaten, 2 l Wasser, 1 Zwiebel, 2 Knoblauchzehen, 2 Lorbeerblätter, 2 Nelken, 4 Pimentkörner, 10 Pfefferkörner, 1 Zweig Organo, 1 Zweig Thymian, Salz, Pfeffer, 1/2 Bund Petersilie

ZUBEREITUNG:

Olivenöl in einem beschichteten Topf erhitzen. Gemüse waschen, putzen und grob zerkleinern. Zuerst Karotten, Rüben und Kartoffeln in den Topf geben und kurz anrösten, dann Sellerie und Lauch. Mit Wasser aufgießen.

Ungeschälte Zwiebel und Knoblauch dazugeben. Mit Lorbeer, Nelken, Piment, Pfefferkörnern, Oregano und Thymian würzen. Rund 20 Minuten köcheln lassen. Zuletzt die geschälten und entkernten Tomaten in die Suppe leeren.

Noch einige Minuten leicht kochen, bis das Gemüse weich ist, aber noch einen Biss hat. Suppe mit Salz und Pfeffer abschmecken, mit fein geschnittener Petersilie bestreuen.

Auch Champignons, Fisolen, Butterbohnen, Kohlrabi, Fenchel, Paprika, Karfiol, Brokkoli, Stangensellerie und Spinatblättchen vertragen sich hervorragend. Im Winter passen Rote Rüben, Karotten, Weißkraut und Sellerie dazu.

Dient diese Suppe als Grundlage für eine klare Suppe, so wird sie einfach durch ein Sieb gegossen und mit klein geschnittenem Gemüse als Einlage serviert.

Soll sie zu einer gebundenen oder Cremesuppe verarbeitet werden, so presst man das Gemüse kräftig durch ein Sieb.

Um den Gemüsegeschmack zu konzentrieren, setzt man die Suppe nochmals auf den Herd und lässt sie ohne Deckel um etwa die Hälfte einkochen.

Fischfond für Fischsuppe

ZUTATEN: 2 kg Fischgräten und Abschnitte von Fischen, 500 g Gemüsebündel (Knollensellerie, Karotte, weißer Lauch, Zwiebel), 100 g Champignonabschnitte, 1/4 l Weißwein, 3 l Wasser, Salz, 2 Lorbeerblätter, 2 Nelken, 1 Lauchstange, Petersilie, Dill, 10 schwarze Pfefferkörner

ZUBEREITUNG:

Die Fischabschnitte und -gräten sorgfältig säubern und wässern.

Dann mit frischem kaltem Wasser zum köcheln bringen und immer wieder den aufsteigenden Schaum entfernen.

Weißwein, Gemüse, Champignons, Salz und Gewürze zugeben und 30 bis 40 Minuten ziehen lassen.

Abschmecken und durch ein feines Sieb gießen.

Die Suppe in den Topf zurück leeren und auf die Hälfte der Menge einkochen lassen.

Fleischsuppe

Man unterscheidet zwischen einer ‚normalen' Suppe, einer etwas kräftigeren Bouillon oder auch Brühe und einer feinen Consommé oder Kraftbrühe. Unter letzterer versteht man eine sehr kräftige und reduzierte Suppe, vorwiegend aus Fleisch, die auch mit feinen Einlagen wie Ravioli, Kalbsnockerl, Tomatenstreifen oder Gemüsewürfel aufwarten kann. Diese Suppe lässt sich gut auf Vorrat produzieren und einfrieren.

ZUTATEN: 1 kg Suppenfleisch, 1 kg Knochen, 3 l kaltes Wasser, Lauch, Karotten, Knollensellerie, Petersilienwurzel, Gelbe Rüben, 1 Zwiebel mit Schale, 10 Pfefferkörner, 1 Lorbeerblatt, 1/2 TL Salz

ZUBEREITUNG:

Knochen und Fleisch in einen Topf geben, Wasser darüber leeren und rund 2 1/2 Stunden leicht kochen lassen. Gemüse putzen, in grobe Stücke schneiden und auch in den Topf geben. Zusammen noch etwa 1/2 Stunde kochen lassen. Den Schaum immer wieder abschöpfen.

Suppe durch ein Sieb in eine große Schüssel leeren und abkühlen lassen. Das abgesetzte Fett an der Oberfläche abnehmen und die Suppe entfetten.

Das Klären einer Fleischsuppe

Um eine Suppe zu klären, d.h. sie von allen Trübstoffen zu entfernen, gibt es zwei Möglichkeiten. Etwas aufwändiger wird es mit dem so genannten Klärfleisch. Dabei handelt es sich um 500 g günstiges, fettarmes Rindfleisch, das faschiert wurde. Dieses wird mit 3 Eiklar, die etwas aufgeschlagen wurden, vermengt und in die noch kalte Suppe gegeben. Dann wird die Suppe rund 30 Minuten aufgekocht. Dabei verbinden sich die Proteine mit dem Eiklar. Alles gemeinsam steigt nach oben und kann abgeschöpft werden. Dann noch einmal durch ein Sieb gießen und wir haben eine klare Suppe. Wenn Klärfleisch verwendet wird, sollte man öfters umrühren, denn das Fleisch setzt sich gerne am Topfboden an.

Bei der schnelleren Variante wird das Fleisch einfach weggelassen. Man schlägt 3 Eiklar auf und lässt dies kurz mitkochen. Mit einem Schaumlöffel wird das aufgestiegene Eiklar als weißer Schaum gemeinsam mit den Trübstoffen abgeschöpft. Nun wird die Suppe wieder durch ein Sieb geschüttet und ist fertig.

Eingefroren hält sich eine klare Suppe einige Monate. Darin lässt sich später Gemüse kochen. Sie dient zum Aufgießen bei einem Risotto und ist ein unverzichtbarer Bestandteil von Fonds für Saucen.

Hühnersuppe

ZUTATEN: 1 Suppenhuhn, 1/4 l Weißwein, 1 Karotte, 1 Stange Sellerie, 1 Stange Lauch, 2 Zwiebeln, 2 Tomaten, 1 Knoblauchzehe, 1 Zweig Rosmarin, 1 Zweig Thymian, 2 Lorbeerblätter, 1/2 Bund glatte Petersilie, 6 zerdrückte weiße Pfefferkörner

ZUBEREITUNG:

Das Suppenhuhn waschen, in einem großen Topf mit 3 l kaltem Wasser aufsetzen. Die Zwiebeln ungeschält halbieren, das Gemüse putzen und in grobe Stücken schneiden. Die Tomaten vierteln und den Stielansatz herausschneiden. Alles zusammen in den Topf geben.

Aufkochen und rund 90 Minuten köcheln lassen. Immer wieder den Schaum abschöpfen. Dann das Huhn herausnehmen.

Die Suppe durch ein feines Sieb gießen, salzen und abkühlen lassen. Zuletzt entfetten.

Man kann nun das Suppenhuhn enthäuten, das Fleisch von den Knochen lösen, in kleine Stücke schneiden und zusammen mit dem Gemüse in die Suppe geben. Diese kurz erhitzen und mit klein geschnittener Petersilie bestreut servieren. Den Rest der Suppe einfrieren und zur Verfeinerung für Saucen oder für weitere Suppen und Eintöpfe verwenden.

Lammsuppe

ZUTATEN: 1 1/2 kg Lammknochen und Putzabschnitte, 3 EL Olivenöl, 1 Stange Lauch, 2 Karotten, 2 Gelbe Rüben, 1 Petersilienwurzel, 3 Stangen Sellerie mit Blättern, 2 Zwiebeln, 4 Knoblauchzehen, 2 Lorbeerblätter, 2 Nelken, 2 Tomaten

WEITERE ZUTATEN FÜR EINE LAMMSUPPE:
300 g Lammfleisch aus der Schulter, 60 g Reis, 4 Scheiben Weißbrot, 2 Knoblauchzehen, 20 g Butter, 1 EL milder Essig, 1 Bund Petersilie, frisch gemahlener schwarzer Pfeffer, Salz

ZUBEREITUNG:

Die zerkleinerten Lammknochen in einem großen Topf mit etwas Olivenöl anrösten. Gemüse putzen und in grobe Stücke schneiden. Zu den Knochen geben und mit Wasser aufgießen. Gewürze dazugeben. Rund 90 Minuten köcheln lassen. Schaum abschöpfen. Durch ein feines Sieb abgießen. Wieder in einen Topf leeren.

Das Fleisch kalt abspülen, trocken tupfen und in etwa 2 cm große Würfel schneiden. Die Fleischwürfel in die Brühe geben und zugedeckt etwa 40 Minuten bei mittlerer Hitze kochen lassen. Zwischendurch den aufsteigenden Schaum abschöpfen. Vom Feuer nehmen, durch ein Sieb gießen. Das Fett abschöpfen. Nun kann man die Suppe einfrieren oder, wie im Folgenden beschrieben, weiter verarbeiten.

Den Reis in die Suppe geben. Alles in etwa 20 Minuten fertig garen, bis der Reis weich ist.

Das Weißbrot im Toaster toasten und in Würfel schneiden. Den Knoblauch schälen. Die Butter in einer Pfanne zerlassen, den Knoblauch durch die Presse drücken und bei schwacher Hitze etwa 2 Minuten dünsten. Den Essig dazugeben und die Pfanne vom Herd nehmen.

Die Toastwürfel in die Knoblauch-Essig-Mischung geben und alles gut mischen, den Pfanneninhalt auf vier Suppenteller verteilen.

Die Petersilie waschen, trocken schütteln und ohne die groben Stiele fein hacken. Die Suppe mit Pfeffer und Salz würzen, auf die Teller verteilen und mit der Petersilie bestreuen.

Wildfond für Wildsuppe

ZUTATEN: 1 kg Fleisch vom Haarwild (Brust, Hals oder Bauch, auch Putzreste), 1 kg zerkleinerte Wildknochen, 50 g zerlassene Butter, 3 Karotten, 1 große Zwiebel, 2 Stangen Lauch, 100 g Knollensellerie, 2 Knoblauchzehen, 1/2 l trockener Weißwein, 1 Bund Petersilie, 2 Lorbeerblätter, 10 zerdrückte Wacholderbeeren, 1 Nelke, 10 Pfefferkörner, 1 Salbeiblatt, 1 Zweig Thymian, 3/4 TL Salz, 1/4 TL frisch gemahlener Pfeffer

ZUBEREITUNG:

Das Backrohr auf 200 Grad vorheizen. Fleisch und Knochen auf ein Backblech legen, mit Butter begießen und kräftig bräunen lassen. Karotten, Zwiebeln, Lauch und Sellerie schälen und in feine Scheiben schneiden, Knoblauch pressen.

Das Gemüse mit dem Knoblauch mischen und in einen großen Topf legen, darauf die angebräunten Knochen und das Fleisch geben.

1/2 l Wasser auf das Backblech gießen und den Bratsatz abschaben, über das Fleisch gießen. Den Weißwein zugeben und mit Wasser soweit auffüllen, dass es rund 3 cm über dem Topfinhalt steht. Zum Kochen bringen, dabei laufend abschäumen. Hitze reduzieren und Kräuter und Gewürze zugeben. 3 1/2 Stunden zugedeckt sieden lassen, vom Herd nehmen, alle großen Stücke herausnehmen und die Brühe durch ein feines Sieb in einen kleineren Topf gießen. Vor der Verwendung die Fettschicht entfernen.

Statt der Haarwildknochen können natürlich auch Knochen vom Federwild genommen werden.

1.4. DIE EINLAGEN – VON CROUTONS BIS PASSATELLI (NOCKERL)

In eine Suppe passt viel. Je nach Region können Fleisch, Geflügel, Würste, unterschiedliches Gemüse, Sauerkraut, Obst, gefüllte Teigtaschen oder diverse Knödel für eine Suppe verwendet werden. Auch im Umgang mit Kräutern ist man flexibel: Liebstöckel, Basilikum, Salbei, Rosmarin, Estragon, Kerbel, Schnittlauch, eine Prise Safran oder Petersilie sind nur einige der Zutaten, die eine gute Suppe ausmachen. Die Rezepte für die Suppeneinlagen finden Sie in Kapitel 4. 1.

1.5. DIE GARNIERUNG VON SUPPEN

Natürlich schmeckt auch eine klare Suppe. Doch ob klar oder gebunden, durch kleine Zusätze wird die Suppe attraktiver und macht optisch ein besseres Bild. Im Folgenden sind einige Möglichkeiten aufgelistet, wie sich Suppen schnell dekorieren lassen.

Garnieren von Gemüsesuppen

Die Gemüsesuppen und salzige, säuerliche kalte Suppen garniert man folgendermaßen:

- mit klein geschnittenen Petersilienblättern
- mit klein geschnittenen Dillspitzen
- mit Schnittlauch in Röllchen
- mit gemahlenen Nüssen und Mandeln
- mit fertig gekauften oder selbstgemachten Backerbsen
- mit feinem Gemüse, wie Wurzelgemüse als Julienne geschnitten
- mit kleinen Gemüsewürfeln, etwa aus Knollensellerie, Karotten, fallweise auch Paprika in verschiedenen Farben
- mit Gemüseperlen, dafür werden mit einem runden Ausstecher kleine Gemüsekugeln produziert
- mit grünen Kräutern oder essbaren Blüten (z.B. Salbei, Kresse, Pfefferminze, Zitronenmelisse usw.)
- mit einem Klecks Sauerrahm, evtl. vermengt mit Schnittlauch, Dill oder Petersilie

Garnieren von Obstsuppen

Für die Garnierung von Obstsuppen ist die einfachste Lösung, einige Stücke des Obstes beiseite zu stellen und die Suppe damit zu dekorieren. Sie können auch vorher mariniert werden. Außerdem kann folgendermaßen garniert werden:

- mit gemahlenen Nüssen und Mandeln
- mit farbigen oder Schoko-Tortenraspeln
- mit Kakaopulver, Zimtpulver, Staubzucker usw.
- mit einer hauchdünnen Limetten- oder Orangenscheibe, die auf die Suppenoberfläche gelegt oder auf den Schalenrand gesteckt wird
- mit Obstperlen, dafür werden mit einem runden Ausstecher kleine Obstkugeln produziert (z.B. aus Melonen oder anderen Früchten mit hohem Anteil an Fruchtfleisch)
- mit einer Scheibe Karambolfrucht, Kiwi, Pfirsich, Nektarine, Banane usw.
- mit essbaren aromatischen Kräutern, wie Minze oder Zitronenmelisse
- mit einer Kugel Eis

1.6. TIPPS FÜR SUPPEN

- Wenn eine Suppe in kaltem Wasser angesetzt wird, laugen sich die Zutaten stärker aus. Die Suppe wird kräftiger, doch die Zutaten, Fleisch aber auch Gemüse, schmecken fader. Werden die Zutaten erst in das kochende Wasser gelegt, schließen sich die Poren schneller. Fleisch etwa bleibt saftiger.

- Wenn eine Suppe langweilig schmeckt, lässt sie sich durch Obers, Sauerrahm, Crème fraîche oder Joghurt etwas spannender gestalten.

- Das Fett einer Suppe soll abgeschöpft werden. Dazu muss sie aber erst auskühlen.
  Eine Methode ist, einige Eiswürfel in ein Tuch zu geben und kurz in die noch heiße Suppe zu hängen. Das Fett sammelt sich am Tuch. Eine andere Möglichkeit besteht darin, den Topf vom Herd zu nehmen und einen Schöpfer kaltes Wasser in die Suppe zu leeren. Auch jetzt sammelt sich das Fett oben. Und wenn es schnell gehen soll, dann werden die Fettaugen mit einem flachen großen Löffel abgeschöpft oder mit einem Blatt einer Küchenrolle von der Oberfläche der Suppe abgestrichen.

- Wenn die Suppe versalzen ist, kocht man eine Scheibe Brot oder eine Semmel mit. Auch eine mitgekochte rohe Kartoffel mildert den salzigen Geschmack.

- Sollte eine Suppe oder ein Eintopf anbrennen, niemals den Bodensatz abkratzen. Die Suppe vorsichtig in einen anderen Topf füllen und wieder erhitzen.

- Suppe ohne Deckel abkühlen lassen, sonst kann es leicht geschehen, dass sie sauer wird, zumindest wenn sie länger steht.

- Um einer Suppe eine kräftige Farbe zu verpassen, werden die Zwiebeln nicht geschält, sondern nur halbiert und mitgekocht. Vor dem Servieren oder Weiterverarbeiten der Suppe entfernen. Dieser Effekt lässt sich noch verstärken, wenn die halbierte Zwiebel auf der Schnittfläche kurz angebraten wird und dann erst in die Suppe kommt.

- Zur Farbe tragen auch einige Safranfäden bei, die man mitköcheln lässt. Zum Legieren nimmt man auch Eidotter, das vorher in etwas warmer Suppe angerührt wurde. Auch dadurch wird die Suppe gelber. Wird jedoch Ei verwendet, darf die Suppe nicht mehr kochen. Manchmal wird die Zugabe von Sojasauce empfohlen, doch überdeckt sie leicht den Geschmack etwa von feinem Gemüse.

- In klaren Suppen sollten keine Einlagen, wie Nockerl oder Nudeln mitgegart werden, da sie die Suppe trüben. Man gart sie separat und gibt sie vor dem Servieren hinzu.

- Klare Suppen, Fleisch, Fisch oder Gemüse lassen sich problemlos einfrieren und halten dann vier bis fünf Monate im Gefrierschrank. Bequem ist es, die Suppe in Eiswürfelbeutel einzufrieren. Dann lässt sie sich zum Verfeinern von Saucen leicht portionieren.

1.7. TIPPS FÜR EINTÖPFE

- Rindfleisch oder Huhn nicht gemeinsam mit dem Gemüse oder den Nudeln weich kochen, denn durch die unterschiedlichen Garzeiten werden diese breiartig. Entweder wird also das Fleisch separat gekocht oder man gibt das Gemüse und die Nudeln erst später hinzu.

- Kurz vor dem Servieren können noch klein geschnittene Schnittlauchröllchen oder Frühlingszwiebeln in den Eintopf gegeben werden. Sie sollen aber nicht mehr mitkochen, denn sie dienen nur einer Art Frischeeffekt.

2. Suppen

2.1. GEMÜSESUPPEN

Knoblauchsuppe

ZUTATEN: 2 Knoblauchknollen, 1 Zwiebel oder ein Bund Frühlingszwiebeln, 1 EL Olivenöl, 150 ml Weißwein, 1 l Gemüse- oder Rinderbrühe, 350 ml Obers oder Sauerrahm, Salz, frisch gemahlener weißer Pfeffer, 2 EL in Röllchen geschnittener Schnittlauch

ZUBEREITUNG:

Knoblauchknollen ins Backrohr geben und bei 150 Grad für 15 Minuten garen lassen. Herausnehmen, den unteren Teil abschneiden und das Fruchtfleisch heraus drücken. Zwiebel oder Frühlingszwiebeln in etwas Öl etwa 2 Minuten andünsten. Knoblauch dazugeben, umrühren. Mit dem Weißwein ablöschen und 2 Minuten offen köcheln lassen. Die Brühe und den Obers zufügen und noch 15 Minuten köcheln lassen. Mit Salz und Pfeffer abschmecken.

Vor dem Servieren mit Schnittlauch bestreuen. Als Alternative kann man auch fein geschnittene glatte Petersilie oder frischen Koriander verwenden.

tipp: DAZU PASSEN GUT KLEINERE SHRIMPS ODER CROUTONS.

Spargelsuppe

ZUTATEN: 300 g weißer und grüner Spargel, Salz, 1/2 TL Zucker, 1 EL Essig, 1 l klare Gemüsebrühe, 50 g Butter, 50 g Mehl, 2 Frühlingszwiebeln, 125 ml Obers, weißer Pfeffer, 30 g kalte Butter in Flöckchen, 100 g Parmaschinken in Scheiben, 4 EL gehackte Petersilie

ZUBEREITUNG: Den Spargel waschen und schälen. Den weißen Spargel unterhalb des Kopfes bis zum Ende schälen, den grünen nur im letzten Drittel schälen. In ca. 5 cm lange Stücke schneiden. Die Köpfe des Spargel abschneiden und beiseite legen. Spargel in Brühe mit wenig Salz, Zucker und etwas Essig ca. 15 Minuten leicht kochen. Anschließend abgießen und den Sud dabei auffangen.

Butter in einem Topf erhitzen, Mehl darin anschwitzen und den Spargel-Gemüsesud nach und nach angießen. Etwa 20 Minuten köcheln lassen. Suppe anschließend vom Herd nehmen, Obers einrühren und mit Pfeffer abschmecken.

Spargelstücke und auch die Köpfe in die Suppe geben und erwärmen. Schinken in Streifen schneiden und ohne Fett in einer beschichteten Pfanne knusprig braten.

Suppe in Teller füllen, Schinkenstreifen und Butterflöckchen darüber geben und mit Petersilie garniert servieren.

tipp: DAZU PASSEN AUCH CROUTONS.

Serbische Bohnensuppe

ZUTATEN: 250 g getrocknete weiße Bohnen, 1 l Wasser, 250 g durchwachsener Speck, Salz, 2 Zwiebeln, 4 Knoblauchzehen, 2 kleine rote Chilischoten, 2 rote Paprikaschoten, 4 Debrecziner, 3 EL Sonnenblumenöl, 1 EL Tomatenmark, 2 EL Paprikapulver (edelsüß), schwarzer Pfeffer aus der Mühle, 1 Lorbeerblatt, 200 g Obers, 1 Zweig Thymian, 4 Kartoffeln

ZUBEREITUNG: Die Bohnen in reichlich Wasser etwa 12 Stunden oder über Nacht einweichen. Wasser öfters wechseln.
Abgießen, abtropfen lassen und zusammen mit 1 l frischem Wasser, dem Speck mit Schwarte sowie einer Prise Salz in einem Topf erhitzen. Die Bohnen bei mittlerer Hitze zugedeckt etwa 1 Stunde weich garen. Den Speck aus dem Bohnensud nehmen und würfeln. Die Zwiebeln schälen und in dünne Streifen schneiden. Die Knoblauchzehen schälen und fein hacken. Die Chilischoten und die Paprikaschoten längs halbieren, entkernen, waschen und fein würfeln. Die Debrecziner in Scheiben schneiden.
Das Öl in einem großen Topf erhitzen und unter Rühren die Zwiebelstreifen, den Knoblauch und die Speckwürfel darin etwa 5 Minuten anbraten. Tomatenmark, Paprikapulver sowie Chili- und Paprikawürfel dazugeben und unterrühren. Das Ganze etwa 5 Minuten garen und mit heißem Wasser ablöschen. Die Bohnen zusammen mit dem Kochwasser hinzufügen, aufkochen und mit Salz und Pfeffer würzen. Kartoffeln schälen und in mittelgroße Würfel schneiden. Lorbeerblatt, Wurstscheiben und Kartoffeln dazugeben und die Suppe etwa 20 Minuten offen köcheln lassen.
Obers unterrühren und die Bohnensuppe nochmals abschmecken.

Tomatensuppe

ZUTATEN: 1 kg Tomaten, 1 kleine Zwiebel, 1/2 l Gemüsebrühe, 2 Knoblauchzehen, Salz, Pfeffer aus der Mühle, eine Prise Zucker, 8 Basilikumblätter, 3 EL Obers

ZUBEREITUNG:

Die Tomaten kreuzweise einschneiden und in kochendes Wasser geben. Herausheben, die Haut abziehen, den Fruchtansatz und die Kerne entfernen.

Die in Würfel geschnittene Zwiebel in wenig Öl andünsten, dann mit der Brühe ablöschen. Knoblauch schälen und in die Brühe pressen. Die Tomaten hinzugeben, 5 Minuten köcheln lassen, bis die Tomaten weich sind. Mit Salz, Pfeffer und Zucker abschmecken.

Die Suppe durch ein Sieb streichen. Basilikumblätter in Streifen schneiden. Die Suppe in Teller füllen, etwas Obers darüber gießen und mit dem Basilikum bestreuen.

tipp: KLEIN GESCHNITTENEN, BLANCHIERTEN STANGENSELLERIE UND/ ODER KLEINE FLEISCHNOCKERL ODER CROUTONS DAZUGEBEN.

Krautsuppe

ZUTATEN: 1 EL Olivenöl, 1 kleine Zwiebel, 1/2 Stange Lauch, 1 TL Tomatenmark, 2 TL Paprikapulver, 3/4 l Gemüsebrühe, Salz, Kümmel, 1 zerdrückte Knoblauchzehe, Pfeffer, 250 g würfelig geschnittenes Weißkraut, 1 Kartoffel, 1 roter Paprika, 1/8 l Sauerrahm

ZUBEREITUNG:

Zwiebel schälen, würfelig schneiden. Lauch putzen und den weißen Teil in Scheiben schneiden. In Öl anrösten, Tomatenmark und Paprikapulver beigeben, durchrühren und mit Gemüsebrühe aufgießen.

Mit Salz, Kümmel, Knoblauch und Pfeffer würzen. Das Kraut dazugeben und 1 geschälte, rohe Kartoffel hineinreiben.

Rund 20 Minuten köcheln lassen. Sauerrahm oder Obers unterrühren.

Paprika in Würfel schneiden und die Suppe damit garnieren.

tipp: GIESSEN SIE DIE SUPPE SOFORT NACH DEM PAPRIZIEREN AUF, DENN SONST WIRD DER PAPRIKA BITTER UND DIE FARBE BILDET SICH NICHT SO SCHÖN AUS. EVENTUELL ETWAS KLEIN GESCHNITTENES RINDFLEISCH ODER KNOBLAUCHWURST DAZUGEBEN.

Überbackene Zwiebelsuppe

ZUTATEN: 3–4 Zwiebeln, 90 g Butter, 1 dl Weißwein, 1 l Gemüse- oder Geflügelbrühe, Pfeffer aus der Mühle, 1 Lorbeerblatt, 1 Zweig Thymian, 4 Scheiben Toastbrot, 100 g geriebener Emmentaler

ZUBEREITUNG:

Die geschälten Zwiebeln halbieren und in feine Streifen schneiden.

In 40 g Butter hellbraun dünsten, mit Weißwein ablöschen. Mit der Brühe auffüllen, mit Pfeffer würzen, Lorbeer sowie gerebelten Thymian dazugeben und auf kleiner Flamme etwa 20 Minuten köcheln lassen.

Die Suppe in feuerfesten Suppentassen anrichten.

Die Brotscheiben leicht toasten und auf die Suppe legen. Mit dem Käse bestreuen.

Im vorgeheizten Backrohr kurz unter den Grill stellen, bis der Käse geschmolzen ist und leicht Farbe bekommen hat.

Sauerampfersuppe

ZUTATEN: 500 g mehlige Kartoffeln, 1 Stange Lauch, 1 Zwiebel, 10 g Butter, 1 l Gemüse- oder Geflügelbrühe, 1 Msp. Muskatnuss, Salz, schwarzer Pfeffer aus der Mühle, 1 Bund Sauerampfer

ZUBEREITUNG:

Kartoffeln schälen und in große Scheiben schneiden. Den Lauch putzen und den weißen Teil in Ringe schneiden. Die Zwiebel schälen und in feine Würfel schneiden. Butter in einem Topf leicht zergehen lassen, die Zwiebelstücke dazugeben und umrühren, bis sie glasig sind. Nun die Kartoffeln und den Lauch dazugeben und mit der Brühe aufgießen. Rund 30 Minuten köcheln lassen. Gewürze unterrühren. Die Sauerampferblätter waschen und in feine Streifen schneiden. 1 EL für die Garnierung beiseite geben.

Die Blätter in die Suppe rühren. Mit einem Stabmixer pürieren. Wer es ganz fein haben möchte, kann nun die Suppe durch ein Sieb streichen. Nochmals kurz aufkochen lassen und abschmecken. Die Suppe in Teller schöpfen und mit den Blattstreifen garnieren.

tipp: ALS EINLAGE EIGNEN SICH FRISCHKÄSENOCKERL, RÄUCHERLACHSSTREIFEN, KRABBEN, GERÄUCHERTE GÄNSEBRUST ODER AUCH FEIN GESCHNITTENE KNOBLAUCHWURST SOWIE CROUTONS.

Vichyssoise
(Kalte Kartoffelsuppe)

ZUTATEN: 250 g Kartoffeln, 1 kleine Zwiebel, 2 Lauchstangen, 1 EL Butter, 1 TL Mehl, 1 l Brühe, Salz, frisch gemahlener schwarzer Pfeffer, 125 ml Obers, 1 TL glatte Petersilie

ZUBEREITUNG:

Kartoffeln und Zwiebel schälen und würfelig schneiden. Die weißen Teile des Lauchs in Ringe schneiden.

Lauchringe und Zwiebel in Butter goldgelb dünsten, mit Mehl bestäuben und mit heißer Brühe aufgießen.

Die Kartoffeln zufügen und garen.

Die Brühe durch ein Sieb gießen. Mit Salz und Pfeffer abschmecken und erkalten lassen.

Vor dem Servieren mit Obers verrühren und mit klein geschnittener Petersilie bestreuen.

Gazpacho

ZUTATEN: 4 Tomaten, 1 Gurke, 1 Zwiebel, 1 Paprika, 2 Knoblauchzehen, 1 l kaltes Wasser, 1/8 l Rotweinessig, Saft von 1 Zitrone, 2 TL Salz, 3 EL Olivenöl, 1 EL Tomatenmark, frisch gemahlener schwarzer Pfeffer, 1 Msp. Cayennepfeffer

ZUBEREITUNG:

Tomaten kreuzweise einschneiden und in heißem Wasser blanchieren. Haut abziehen und Strunk mit Kernen entfernen. Gurke schälen und die Kerne entfernen. Zwiebel schälen und grob würfeln. Paprikaschote putzen, das Mark und die Kerne entfernen. Knoblauchzehen schälen. Alles in eine Schüssel geben und mit Wasser, Essig, Zitronensaft und Salz vermischen.

Jeweils 2 Tassen in einen Küchenmixer geben und fein pürieren.

Wieder in eine Schüssel geben und mit einem Schneebesen Öl und Tomatenmark unterschlagen. Abdecken und kühl stellen.

Vor dem Servieren noch einmal durchrühren und mit Pfeffer und Cayennepfeffer abschmecken. In Suppenteller füllen.

Dazu reicht man Croutons oder jeweils klein gehackte Paprika-, Gurken- oder Zwiebelstücke.

Kürbiscremesuppe mit Kernöl

ZUTATEN: 500 g gelber Speisekürbis/Muskatkürbis, 1 Zwiebel, 2 Knoblauchzehen, 1 Lorbeerblatt, 1/8 l Weißwein, 3/4 l Gemüsebrühe, 1/4 l Obers, Salz, frisch gemahlener schwarzer Pfeffer, 2 EL Kernöl, 1 EL Kürbiskerne

ZUBEREITUNG:

Den geschälten Kürbis in große Würfel schneiden. Zwiebel schälen, würfelig schneiden und in einem Topf mit Butter glasig werden lassen. Kürbisstücke, zerdrückten Knoblauch und Lorbeer dazugeben. Umrühren und etwas dünsten lassen.

Mit Weißwein ablöschen, mit Gemüsebrühe aufgießen und auf kleiner Flamme weich kochen, mit Salz und Pfeffer abschmecken. Lorbeer herausnehmen. Obers dazurühren.

Mit dem Pürierstab fein pürieren. Eventuell durch ein Sieb streichen, wenn es ganz fein werden soll.

Kürbiskerne in einer Pfanne ohne Fett etwas anrösten. Beim Anrichten die Suppe mit gerösteten Kürbiskernen und Schwarzbrotwürfeln bestreuen und mit einigen Tropfen Kernöl beträufeln.

Topinambursuppe

ZUTATEN: 400 g Topinambur, 1 EL Butter, 3/4 l Gemüsebrühe, 1 Gewürznelke, 1 Lorbeerblatt, 1 TL geröstete Koriandersamen, 125 ml Obers, Salz, frisch gemahlener schwarzer Pfeffer, 1 EL Petersilie

ZUBEREITUNG:

Topinambur waschen, schälen und klein schneiden. Butter in einem Topf zergehen lassen und Topinambur darin anschwitzen.

Mit der Brühe aufgießen. Gewürznelke und Lorbeerblatt zugeben, 10 Minuten kochen lassen.

Koriandersamen in einer Pfanne leicht rösten und mit dem Mörser zerreiben, davon eine Messerspitze der Suppe beigeben.

Lorbeerblatt und Gewürznelke entfernen, Obers in den Topf leeren und alles zusammen mit dem Mixer fein pürieren.

Mit Salz und Pfeffer abschmecken und mit Petersilie bestreuen.

tipp: IN DIESE SUPPE PASSEN GEDÜNSTETE FISCHFILETSTREIFEN UND/ODER ANGERÖSTETE SCHEIBEN TOPINAMBUR.

Slowenische Krensuppe

ZUTATEN: 2 Scheiben Schwarzbrot, 80 g Butter, 100 g frischer Kren, 2 EL Mehl, 1/2 l Brühe, 1/8 l Obers, 3 EL Weißwein, Zitronensaft, Salz, frisch gemahlener Pfeffer, 1 Bund Schnittlauch

ZUBEREITUNG:

Schwarzbrot in Würfel schneiden und in etwas Butter in einer Pfanne rösten. Beiseite stellen und abkühlen lassen.

Den Kren waschen, schälen, auf der Haushaltsreibe (oder in der Küchenmaschine) fein reiben.

Restliche Butter im Topf zergehen lassen, Mehl kurz darin anschwitzen. Brühe unter Rühren zugießen. Die Suppe 15 Minuten köcheln lassen. Obers mit 3 EL Weißwein und dem Kren unterrühren.

Mit Zitronensaft, Salz und Pfeffer abschmecken. Schnittlauch in feine Röllchen schneiden und mit den Brotwürfeln über die Suppe streuen.

tipp: IN DIE SUPPE PASSEN AUCH EIN GERÄUCHERTES FORELLENFILET, FISCHNOCKERL, GEBRATENE WURSTSCHEIBEN ODER EIN GEKOCHTES UND HALBIERTES EI.

Rote-Rüben-Suppe

ZUTATEN: 3 Knollen Rote Rüben, 1 Zwiebel, 20 g Butter, 1/16 l Weißwein, 3/4 l Gemüsebrühe, 2 EL Sherry-Essig, 1/2 TL Kümmel, Salz, frisch gemahlener schwarzer Pfeffer, 1 TL frisch geriebener Kren, 1/8 l Sauerrahm

ZUBEREITUNG:

Rote Rüben schälen und in Blätter hobeln. Zwiebel schälen, fein würfeln und in einem Topf in heißer Butter andünsten.

Mit Wein und einem Drittel der Brühe aufgießen.

Rote Rüben und Essig zufügen. Mit Kümmel, Salz und Pfeffer würzen und gar dünsten.

Mit einem Stabmixer pürieren. Restliche Brühe je nach gewünschter Konsistenz zugießen. Mit Kren abschmecken.

Beim Servieren in jeden Teller einen EL Sauerrahm geben.

tipp: DAZU PASSEN KRENNOCKERLN.

Klare Kartoffelsuppe

ZUTATEN: 1/4 Sellerieknolle, 1 Karotte, 1 Zwiebel, 1/2 Stange Lauch, 2 Knoblauchzehen, 750 g Kartoffeln, 1 TL Kümmel, 2 Lorbeerblätter, 1 Zweig Majoran, 1 l Gemüsebrühe, Salz, frisch gemahlener schwarzer Pfeffer, 1 TL Petersilie

ZUBEREITUNG:

Gemüse putzen. Sellerie, Karotten und Zwiebel in feine Würfel schneiden. Lauch in dünne Scheiben und Knoblauch feinblättrig schneiden. Kartoffeln schälen, in 1 cm dicke Würfel schneiden.

Öl in einem Topf erhitzen, Zwiebel darin andünsten. Gemüsewürfel zugeben und mitdünsten. Knoblauch, Kümmel, Lorbeerblätter und Majoran dazugeben, schließlich die Kartoffeln und mit vorbereiteter warmer Brühe aufgießen. Aufkochen und 20 Minuten köcheln lassen.

Lorbeerblätter und Majoranzweig entfernen. Mit Salz und Pfeffer abschmecken. Suppe mit klein geschnittener Petersilie bestreuen.

tipp: DAZU PASSEN SCHINKENKNÖDEL ODER KLEINE GERÖSTETE LEBERKNÖDEL.

Gebundene Kartoffelsuppe

ZUTATEN: 750 g mehlige Kartoffeln, 3 Stangen Sellerie, 3 Karotten, 2 Gelbe Rüben, 40 g Butter, 1 l Brühe, 3 Knoblauchzehen, 1/8 l Obers, 1 Zweig Thymian, 1 Zweig Majoran, 1 TL glatte Petersilie, Salz, frisch gemahlener schwarzer Pfeffer, 40 g Rauchspeck, 1/2 Zwiebel

ZUBEREITUNG:

Kartoffeln schälen und in große Würfel schneiden. Gemüse schälen und in feine Würfel schneiden. Knoblauch in feine Scheiben schneiden.

Butter in einem Topf zergehen lassen, Gemüse und Knoblauch darin ein wenig andünsten und mit Rinder- oder Gemüsebrühe aufgießen. Das Ganze ca. 20 Minuten köcheln lassen.

Zwei Schöpfer Gemüse herausheben, den Rest mit dem Mixstab pürieren. Erst jetzt Obers dazugeben und die ganzen Gemüsestücke wieder in den Topf leeren. Thymian, Majoran und Petersilie putzen, grob schneiden und unter die Suppe rühren, mit Salz und Pfeffer abschmecken.

Speck und Zwiebeln würfeln und in einer Pfanne etwas anbraten. Beim Anrichten die Suppe mit Speckzwiebeln und Petersilie bestreuen.

Kohlrabisuppe mit Bärlauch

ZUTATEN: 400 g Kohlrabi, 1 Kartoffel, 1 Zwiebel, 1 EL Butter, 125 ml trockener Weißwein, 700 ml Gemüsebrühe, 2 Eidotter, 200 ml Obers, Salz, frisch gemahlener schwarzer Pfeffer, 1 Msp. Muskatnuss, 10 große Bärlauchblätter, 2 EL Sauerrahm

ZUBEREITUNG:

Kohlrabi schälen und in Würfel schneiden. Die Kartoffel schälen und würfeln. Die Zwiebel schälen, fein hacken und in Butter andünsten. Das Gemüse hinzufügen und mitdünsten. Mit dem Wein ablöschen und diesen fast vollständig einkochen lassen. Die Brühe dazugießen und das Gemüse zugedeckt weich kochen.

Sobald das Gemüse gar ist, mit einem Stabmixer pürieren. Durch ein Sieb streichen, wieder in den Topf zurückgeben und aufkochen.

Dotter und Obers verquirlen. Einige Esslöffel Suppe dazugeben und die Mischung unter Rühren zur Suppe geben. Nicht mehr kochen lassen.

Mit Salz, Pfeffer und Muskat abschmecken. Bärlauchblätter waschen und in Streifen schneiden. Suppe mit Rahm und Bärlauchstreifen garnieren.

Bärlauchsuppe

ZUTATEN: 200 g Bärlauchblätter, 1 Zwiebel, 1 Karotte, 1 Kartoffel, 1 EL Öl, 50 ml trockener Weißwein, 1 l Gemüsebrühe, 100 ml Obers, Salz, Pfeffer, Cayennepfeffer

ZUBEREITUNG:

Bärlauch waschen, Stiele entfernen und gut abtropfen lassen. Einige Blätter beiseite legen. Zwiebel schälen und fein hacken, Karotte und Kartoffel schälen und fein würfeln.

Zwiebeln, Knoblauch und Bärlauch in Öl dünsten, Karotte und Kartoffel zugeben und mitdünsten. Mit Weißwein ablöschen, etwas einköcheln lassen.

Die Gemüsebrühe dazugeben, aufkochen und auf kleiner Flamme 15 bis 20 Minuten köcheln lassen, bis das Gemüse gar ist.

Obers steif schlagen. Die Suppe in einem Mixer pürieren und durch ein Sieb in den Topf gießen.

Die Bärlauchcreme aufkochen, den geschlagenen Obers darunter ziehen und mit Salz, Pfeffer und Cayennepfeffer abschmecken.

In feine Streifen geschnittene Bärlauchblätter über die Suppe streuen.

Lauchcremesuppe

ZUTATEN: 1 große Zwiebel, 1 Knoblauchzehe, 500 g Lauch, 1 TL Butter, 150 g Obers, 800 ml Gemüsebrühe, Salz, frisch gemahlener schwarzer Pfeffer, 1 Msp. Muskatnuss, 2 EL Petersilie

ZUBEREITUNG:

Zwiebel schälen und fein hacken. Knoblauch schälen. Lauch putzen und in dünne Ringe schneiden.

Butter erhitzen und Zwiebel darin andünsten, Knoblauch hinein pressen. Lauch unterheben.

Obers und Brühe zugießen, ca. 15 Minuten zugedeckt köcheln lassen. Mit Salz, Pfeffer und Muskat abschmecken.

1 EL Lauchringe herausheben.

Suppe in einem Küchenmixer pürieren und durch ein Sieb gießen.

Lauchringe auf Teller verteilen und die Suppe darüber leeren. Mit Petersilie garnieren.

Linsenpüreesuppe

ZUTATEN: 150 g Linsen, 60 g Butter, 1 Zwiebel, 1/2 Lauchstange, 100 g Knollensellerie, 1 Karotte, 2 Kartoffeln, 1 Speckschwarte, 750 ml Gemüsebrühe, Salz, frisch gemahlener schwarzer Pfeffer, 250 ml Obers, 1 EL Petersilie

ZUBEREITUNG:

Die Linsen am Vortag einweichen und am nächsten Tag abspülen.

Die Zwiebel und das Gemüse putzen, schälen und würfelig schneiden. Die Kartoffeln schälen und in gleichmäßige Scheiben schneiden. Zuerst die Speckschwarte, dann das Gemüse in der Butter anschwitzen.

Die Linsen abtropfen, beigeben und mitdünsten. Mit der Brühe auffüllen, würzen und zum Kochen bringen. Etwa 40 Minuten köcheln lassen.

Die Kartoffeln beifügen und nochmals 30 Minuten köcheln lassen. In einen Mixer geben und pürieren. Durch ein Sieb wieder in den Topf gießen, nochmals aufkochen lassen und den Obers einrühren. Mit Salz und Pfeffer abschmecken. Fein gehackte Petersilie darüber streuen.

tipp: DAZU PASSEN GERÖSTETE KNOBLAUCHCROUTONS.

Karfiolcremesuppe

ZUTATEN: 1 Karfiol, 2 EL Olivenöl,
1 l Gemüsebrühe, 4 EL Obers, Salz,
schwarzer Pfeffer, 3 EL gehackter Kerbel

ZUBEREITUNG:

Karfiol putzen, waschen und in kleine Röschen zerteilen. Olivenöl in einem Topf erhitzen und die Röschen dazugeben. Einige Male schwenken und dann die Brühe angießen.

Zum Kochen bringen und etwa 20 Minuten leicht köcheln lassen, bis die Röschen gar sind. Einige Röschen herausheben.

Die Suppe mit einem Stabmixer pürieren und erneut erhitzen. Obers unterrühren und mit Salz und Pfeffer abschmecken.

Beim Servieren jeden Teller mit einigen Kerbelblättchen bestreuen.

Erbsensuppe

ZUTATEN: 1 kg frische Erbsen, 2 Knoblauchzehen, 1/2 Knolle Sellerie, 1/2 TL Rosmarinnadeln, 20 g Butter, 1 l Fleischbrühe, 200 ml Obers, 1/2 Limette, Salz, frisch gemahlener schwarzer Pfeffer

ZUBEREITUNG: Erbsen aus den Schoten lösen. Knoblauch schälen und würfeln. Sellerie putzen, schälen und in kleine Würfel schneiden. Erbsen zusammen mit Rosmarin in Butter andünsten. Mit Brühe ablöschen, Knoblauch beifügen und 12 bis 15 Minuten garen. 4 EL Erbsen zum Garnieren beiseite stellen. Die Suppe im Mixer pürieren. Obers dazugeben. Sellerie in wenig Salzwasser bissfest kochen, abseihen und warm stellen. Die Erbsensuppe nochmals aufkochen und mit Salz, Pfeffer und Limettensaft abschmecken. Die zur Seite gelegten Erbsen und die Selleriewürfelchen auf Teller verteilen und mit der Suppe übergießen.

Kalte Avocadosuppe

ZUTATEN: 2 reife Avocados, 1 Limette, 750 ml Geflügelfond, 4 EL Obers, Salz, Cayennepfeffer, 3 Scheiben Weizentoastbrot, 1 EL Butterschmalz, 2 Knoblauchzehen, 50 g Rucola

ZUBEREITUNG: Avocados halbieren und Kerne auslösen. Das Fruchtfleisch mit einem Löffel aus der Schale lösen und zusammen mit der Hälfte vom Limettensaft und dem angewärmten Geflügelfond pürieren. Obers unterrühren, mit Salz, Cayennepfeffer und dem restlichen Limettensaft abschmecken. Abgedeckt mindestens 2 Stunden in den Kühlschrank stellen. Toastbrotscheiben entrinden und in kleine Würfel schneiden.
Butterschmalz in einer Pfanne erhitzen, Knoblauchzehen hinein pressen und die Toastbrotwürfel darin rundherum braun rösten. Auf Küchenpapier abtropfen lassen. Rucola putzen, waschen, einige Blätter beiseite legen, den Rest in feine Streifen schneiden.
Suppe aus dem Kühlschrank nehmen, auf Teller verteilen und mit Brotwürfeln und Rucolastreifen anrichten. Mit den restlichen Blättern garniert servieren.

tipp: DAZU PASSEN AUCH SHRIMPS, DIE ZWEI MINUTEN LANG IN HEISSEM CHILIÖL GESCHWENKT WURDEN.

Minestrone

ZUTATEN: 100 g getrocknete weiße Bohnen, 2 Karotten, 2 Kartoffeln, 1 Stange Sellerie, 1 Zucchini, 100 g Fisolen, 2 Tomaten, 100 g Zuckerschoten, 200 g Räucherspeck, 2 EL Olivenöl, 1 Zwiebel, 2 Knoblauchzehen, 1 großer Zweig Basilikum, 1 großer Zweig Salbei, 1 Bund Petersilie, 1 l Gemüse- oder Rinderbrühe, 150 g Spaghetti, Makkaroni oder andere Nudeln (vorkochen), Salz, frisch gemahlener schwarzer Pfeffer, geriebener Parmesan

ZUBEREITUNG: Die getrockneten Bohnen waschen und über Nacht in Wasser einweichen. Das Wasser danach abgießen und die Bohnen in frischem Salzwasser weich kochen. Anschließend warm stellen.
Unterdessen das Gemüse in Streifen oder Würfel schneiden. Die Tomaten kreuzweise einschneiden, blanchieren, schälen, entkernen und würfeln.
Den in Würfel geschnittenen Speck in Öl anrösten und die fein gehackte Zwiebel sowie den zerdrückten Knoblauch hinzufügen.
Die gehackten Kräuter einstreuen und mit der Brühe aufgießen. Etwa 30 Minuten köcheln lassen.
Das Gemüse in folgender Reihenfolge dazugeben: Zuerst Karotten, Kartoffeln und Sellerie. Dann kommen Zucchini, Fisolen und Tomaten an die Reihe. Zum Schluss kommen die Zuckerschoten dazu. Die Minestrone zugedeckt 20 Minuten garen. Dann die gekochten Bohnen und zuletzt die vorgekochten Nudeln hinzugeben. Mit Salz und Pfeffer abschmecken und mit geriebenem Parmesan servieren.

tipp: MINESTRONE GIBT ES IN VIELFÄLTIGEN VARIANTEN. MÖGLICH SIND NATÜRLICH AUCH ANDERE ODER WENIGER GEMÜSE. WÄHREND DER LETZTEN ZEHN MINUTEN KANN MAN AUCH GEKOCHTES UND IN STREIFEN GESCHNITTENES RINDFLEISCH ODER PILZE ZUR MINESTRONE GEBEN.

Käsesuppe

ZUTATEN: 1/2 Stange Lauch, 40 g Butter, 40 g Mehl, 1 l Gemüsebrühe, 2 Scheiben Schwarzbrot, 2 Knoblauchzehen, 2 EL Olivenöl, 250 g Gruyère (notfalls auch Emmentaler), 1/8 l Obers, Salz, Pfeffer aus der Mühle, 1 Msp. Muskatnuss, 1/2 Bund Petersilie

ZUBEREITUNG:

Lauch putzen und in feine Scheiben schneiden. Butter in einem Topf zerlassen. Lauchscheiben andünsten.

Mehl einrühren und hellgelb anschwitzen. Mit Brühe aufgießen und mit einem Schneebesen gut verrühren, so dass keine Klümpchen entstehen.

Aufkochen lassen. Käse reiben und dazugeben. Rühren, bis er sich aufgelöst hat. Obers einrühren.

Schwarzbrot in kleine Würfel schneiden. Knoblauch schälen und pressen. Öl in einer Pfanne erhitzen, Knoblauch dazugeben und die Brotwürfel.

Gut durchmischen und alles schön anrösten.

Petersilie waschen und fein schneiden. Brotcroutons in Teller geben und Suppe darüber leeren. Mit Petersilie bestreuen.

Thailändische Kürbissuppe

ZUTATEN: 350 g Kürbis, 2 frische rote Chilischoten, 1 Zwiebel, 2 Knoblauchzehen, 10 g frischer Ingwer, 1 Stange Zitronengras, 1 TL Garnelenpaste (oder 1 EL getrocknete Garnelen), 1 Limette, 2 EL Fischsauce, 800 ml Kokosmilch (aus der Dose), 250 ml Hühner- oder Gemüsebrühe, 1 kleiner Bund süßes Thai-Basilikum

ZUBEREITUNG:

Den Kürbis schälen und entkernen. Das Fruchtfleisch in Würfel schneiden. Chilischoten längs aufschneiden, entkernen und in dünne Ringe schneiden. Die Zwiebel und den Knoblauch schälen und fein hacken. Ingwer schälen und in Scheiben schneiden. Zitronengras klein schneiden. Chili, Zwiebel, Knoblauch, Ingwer, Zitronengras und Garnelenpaste in einer Küchenmaschine zu einer Paste mixen oder in einem Mörser zerreiben.

Die Limette waschen, abtrocknen und die Schale abreiben. Die Paste mit Limettenschale und 2 EL Limettensaft vermengen. Die Kokosmilch mit der Brühe zum Kochen bringen, die Paste und die Kürbiswürfel zugeben und alles zugedeckt etwa 10 bis 15 Minuten köcheln lassen. Das Thai-Basilikum waschen, die Blätter abzupfen und fein hacken und die Suppe damit garnieren.

Misosuppe

ZUTATEN: 2 EL Miso-Paste, 1 l Wasser, 5 vorgeweichte Shiitake-Pilze, 160 g Tofu, 20 g getrockneter Seetang, 4 Frühlingszwiebeln, 1 EL Koriander

ZUBEREITUNG:

Miso-Paste mit Wasser in einem großen Topf zum Kochen bringen. Von den Pilzen die Stiele entfernen, in Scheiben schneiden und dazugeben.

Auf mittlerer Flamme köcheln lassen, umrühren und so lange weiter kochen, bis sich die Paste aufgelöst hat (ca. 10 Minuten).

Tofu in Würfel schneiden und gemeinsam mit dem Seetang in die Suppe geben. Frühlingszwiebeln putzen, schräg in Scheiben schneiden und ebenfalls in die Suppe rühren.

In Schalen füllen und mit dem fein geschnittenen Koriander bestreuen.

tipp: EINE MISOSUPPE LÄSST SICH VIELFÄLTIG VARIIEREN, ENTWEDER DURCH ANDERE PILZE ODER FEINE GEMÜSE (Z.B. ZUCKERSCHOTEN). AUCH DÜNN GESCHNITTENER KNOBLAUCH MACHT SICH GUT IN DER SUPPE.

Frühlingskräutersuppe

ZUTATEN: 1 Bund Frühlingszwiebeln, 2 Knoblauchzehen, 15 g Brunnenkresse, 15 g junge Löwenzahnblätter, 20 g Kerbelkraut, 20 g Sauerampfer, 20 g Schnittlauch, 20 g glatte Petersilie, 10 g Liebstöckel, 20 g junge Brennnesselblätter, 1 l Kalbs- oder Gemüsebrühe, 100 ml Obers

ZUBEREITUNG:

Frühlingszwiebeln putzen, schälen und in feine Scheiben schneiden.

Knoblauch fein hacken und alle Kräuter grob hacken. Rund 1 EL Kräuter beiseite stellen.

Zuerst die Frühlingszwiebeln, dann den Knoblauch und schließlich die Kräuter in Butter andünsten lassen.

Mit heißer Brühe aufgießen.

Obers dazuleeren und mit einem Stabmixer pürieren.

Mit Salz und Pfeffer abschmecken und mit den übrigen Kräutern bestreuen.

Pilzsuppe

ZUTATEN: 1 Zwiebel, 250 g Pilze (Champignon, Austernpilze, Eierschwammerl), 1 EL Petersilie, 4 EL Butter, 1 l Gemüsebrühe, Salz, frisch gemahlener schwarzer Pfeffer, 1/8 l Sauerrahm

ZUBEREITUNG:

Zwiebel schälen und in feine Würfel schneiden. Gemeinsam mit den geputzten und blättrig geschnittenen Pilzen und der gehackten Petersilie in Butter andünsten. Mit Gemüsebrühe auffüllen und mit Salz und Pfeffer abschmecken.

20 Minuten zugedeckt köcheln lassen, gelegentlich umrühren. Den Sauerrahm einrühren und einige Minuten weiter köcheln.

Abschmecken und mit Petersilie bestreut servieren.

tipp: STATT MIT PETERSILIE KANN MAN DIE SUPPE AUCH MIT FRISCHER KRESSE ODER FRISCHEM, FEIN GESCHNITTENEM KERBEL BESTREUEN. SOLL DIE SUPPE ETWAS DICKER SEIN, EINFACH EIN BIS ZWEI GEKOCHTE KARTOFFELN IN DIE SUPPE REIBEN.

Schilcher-Kartoffel-Rahm-Suppe

ZUTATEN: 1 Zwiebel, 1 Stange Lauch, 1 EL Butter, 1/4 l Schilcher, 750 ml Rinderbrühe, 3 Knoblauchzehen, 1 Zweig Thymian, 500 g Kartoffeln, 250 ml Obers, 1 Msp. Muskatnuss, Salz, frisch gemahlener schwarzer Pfeffer, 3 EL Kürbiskerne, 1 EL Kürbiskernöl, 1 EL Petersilie

ZUBEREITUNG: Zwiebel schälen und in kleine Würfel schneiden. Lauch putzen und in schmale Ringe schneiden. Butter in einem Topf zergehen lassen und zuerst die Zwiebel, dann den Lauch darin andünsten. Mit Schilcher ablöschen und etwas einkochen lassen. Mit Brühe aufgießen. Knoblauchzehen schälen, vierteln und zur Suppe geben. Thymianblätter unterrühren. Kartoffeln würfelig schneiden, zugeben und zugedeckt 20 Minuten köcheln lassen.

Alles im Mixer pürieren und durch ein Sieb wieder in den Topf gießen. Nochmals erhitzen, Obers einrühren und mit Muskat, Salz und Pfeffer abschmecken.

Kürbiskerne in einer Pfanne ohne Fett anrösten. Suppe mit den Kürbiskernen und etwas Kürbiskernöl anrichten. Etwas klein geschnittene Petersilie darüber streuen.

tipp: SCHILCHER LÄSST SICH AUCH DURCH EINEN TROCKENEN ROSÉWEIN ERSETZEN.

2.2. FISCHSUPPEN

Fischbeuschlsuppe

ZUTATEN: Kopf- und Schwanzstück eines Karpfens, 1 l Wasser, 60 g Butter, 50 g Mehl, 1/2 Stange Lauch, 2 Karotten, 2 Gelbe Rüben, 2 Petersilienwurzeln, Salz, 1/4 l Rotwein, 1 Karpfenbeuschl, 1/4 l Wasser, 2 EL Essig, 1/2 Zwiebel, 2 Knoblauchzehen, 5 Pfefferkörner, 1–2 Lorbeerblätter, Salz, Pfeffer, 1 EL Petersilie

ZUBEREITUNG: Kopf und Schwanz des Karpfens gut waschen, in einen Topf geben und mit 1 l kaltem Wasser übergießen. Aufkochen und etwa 1 1/2 Stunden kochen lassen.
Gemüse putzen und klein schneiden. Butter in einem Topf erhitzen, Mehl dazugeben und mittelbraun rösten lassen. Gemüse dazugeben und etwas mitdünsten lassen. Mit Rotwein aufgießen. Nun die Fischbrühe durch ein Sieb dazugießen. Dabei immer wieder umrühren. Noch 30 Minuten köcheln lassen. In der Zwischenzeit kocht man das gereinigte Beuschl ca. 1/2 Stunde in 1/4 l Wasser, dem etwas Essig beigefügt wurde, gemeinsam mit einer halben ungeschälten Zwiebel, 2 ungeschälten Knoblauchzehen, Lorbeerblättern und Pfefferkörnern. Das Beuschl herausnehmen, nötigenfalls klein schneiden und in die Fischbrühe geben. Den Kochsud durch ein Sieb zur Brühe gießen. Mit Salz und Pfeffer abschmecken. Vor dem Anrichten die Suppe mit Croutons und fein geschnittener Petersilie bestreuen.

Fischsuppe

ZUTATEN: 1 kg Fischgräten von weißem Fisch (Seezunge, Steinbutt oder Seeteufel), 400 g Steinbuttfilets, 400 g Seeteufelfilets, 6 Kaisergranat, 1 Zwiebel, 1 Karotte, 1 Stange Sellerie, 1 Lauchstange, 4 EL Olivenöl, 6 Pfefferkörner, 1 Bouquet garni (1 Zweig Thymian, 2 frische Lorbeerblätter, 2 Petersilienstängel, 1 Zweig Rosmarin, 1 Salbeiblatt), Salz, weißer Pfeffer, 4 Knoblauchzehen

ZUBEREITUNG:

Gräten kalt abspülen. Zwiebel und Gemüse putzen, schälen, in mittelgroße Würfel schneiden. Olivenöl erhitzen, das Gemüse darin 10 Minuten dünsten lassen, danach die Gräten in den Topf geben. Wenn sie sich verfärben, mit Wasser aufgießen, bis die Gräten gut bedeckt sind. Pfefferkörner und das Bouquet garni dazugeben. Nicht zugedeckt 15 Minuten lang köcheln lassen. Danach die Brühe durch ein Sieb gießen. Auf kleiner Flamme auf die Hälfte einkochen lassen. Mit Salz und Pfeffer abschmecken. Knoblauch schälen, in dünne Scheiben schneiden und in die Suppe geben.

Die Fischfilets waschen, putzen, auf Gräten kontrollieren und in große Stücke schneiden. Den Fischsud zum Kochen bringen. Die Fischstücke und die Kaisergranat dazugeben. Nicht mehr kochen, nur für rund 6 Minuten ziehen lassen.

Mit gerösteten Brotscheiben und Aioli oder Petersilienkartoffeln servieren.

Fischcremesuppe

ZUTATEN: 600 g Seehechtfilet, 750 ml Fischbrühe, 1 Bund Suppengemüse, Salz, Pfeffer, 1 EL Senfkörner, 2 Lorbeerblätter, 2 EL Mehl, 100 ml Obers, 100 g Nordseekrabben, 1 Bund Dill

ZUBEREITUNG: Fischfilets gründlich waschen und auf Gräten kontrollieren. Suppengemüse putzen und klein schneiden. Filets, Suppengemüse, Salz, Pfeffer, Senfkörner und Lorbeerblätter in der Fischbrühe aufsetzen, zum Kochen bringen, abschäumen und bei milder Hitze ca. 30 Minuten köcheln lassen. Das Ganze durch ein Sieb gießen. Suppe nochmals erhitzen. Mehl und Obers verrühren und die Suppe damit binden. Mit Salz und Pfeffer nachwürzen. Krabben in die Suppe geben und 2 Minuten ziehen lassen. Dill waschen, fein hacken und über die Suppe streuen.

Ungarische Fischsuppe

ZUTATEN: 750 g Karpfenfilet, 250 g gemischte Fischfilets (Zwergwels, Hecht, Weißfisch usw.), 2 Zwiebeln, 2 Paprikaschoten, 1 Chilischote, 2 Tomaten, 750 ml Fischbrühe, 50 g Paprika (edelsüß und scharf gemischt), 20 g Salz

ZUBEREITUNG: Fischfilets waschen, auf Gräten kontrollieren. Zwiebeln schälen, in große Stücke schneiden. Paprika- und Chilischoten putzen, entkernen, waschen und in größere Würfel schneiden. Tomaten überbrühen, die Haut abziehen, die Kerne entfernen und ebenfalls in größere Würfel schneiden.

In einem genügend großen Topf eine Lage Fisch einlegen, Zwiebeln darüber geben, darauf wieder eine Schicht Fisch legen. Mit ebensoviel Brühe aufgießen, dass der Fisch gerade bedeckt ist, salzen und zum Kochen bringen. Ohne umzurühren 15 Minuten köcheln lassen. Die Fischstücke vorsichtig herausheben und warm halten.

Die Fischbrühe durch ein Sieb in einen zweiten Topf gießen. Die vorbereiteten Paprika, Chili, Tomatenstücke sowie Paprikapulver und Salz dazugeben und einmal aufkochen. Die Fischstücke in etwas größere Stücke teilen, nochmals auf Gräten kontrollieren und in die Suppe einlegen. Nicht mehr umrühren und 10 Minuten ziehen lassen. Scharf und kräftig würzen und heiß servieren.

Muschelsuppe

ZUTATEN: 2 Paprikaschoten (rot, gelb), 1 1/2 kg Muscheln, 3 Tomaten, 2 EL Olivenöl, 2 Zwiebeln, 1/8 l trockener Weißwein, 2 Eidotter, 200 ml Obers, Salz, frisch gemahlener schwarzer Pfeffer, 1 Bund Basilikum

ZUBEREITUNG: Die Paprikaschoten vierteln und entkernen. Für 10 Minuten unter den Grill geben, bis die Haut schwarze Blasen wirft. Kurz zudecken, Haut abziehen und in Stücke schneiden.

Ca. 1 l Wasser in einem Topf erhitzen. Die Muscheln putzen, den Bart entfernen und geöffnete Exemplare entfernen. Portionsweise in das kochende Wasser geben. 4 bis 5 Minuten garen lassen. Tomaten kreuzweise einschneiden und in heißem Wasser blanchieren. Haut abziehen, Strunk mit Kernen entfernen und das Fruchtfleisch in Stücke schneiden. Die Zwiebeln hacken. Das Olivenöl in einem Topf erhitzen und Zwiebeln bei milder Hitze 2 bis 3 Minuten andünsten. Die vorbereiteten Paprikastücke zugeben und 5 Minuten mitbraten. Den Muschelsud durch ein Sieb leeren und damit aufgießen. Den Wein dazuleeren und die Tomaten zugeben. Zugedeckt 20 Minuten köcheln lassen.

In der Zwischenzeit die Muscheln aus den Schalen lösen, 12 davon für die Garnierung komplett lassen. Dotter mit Obers verquirlen, am Ende der Garzeit mit einem Schöpflöffel heißer Suppe verrühren und in die heiße Suppe gießen, nicht mehr kochen lassen. Die Muscheln zugeben. Mit Salz und Pfeffer abschmecken. Mit gehacktem Basilikum bestreuen und sofort servieren.

Geeiste Melonensuppe mit Flusskrebsen

ZUTATEN: 150 g gegarte Flusskrebsschwänze, 2 Honigmelonen, 2 EL frisch gepresster Orangensaft, 3 EL Limettensaft, 1 Chilischote, 1/2 Bund Koriandergrün, 150 ml Prosecco, Salz, weißer Pfeffer

ZUBEREITUNG: Die Melonen halbieren und entkernen. Mit einem Kugelausstecher einige Melonenkugeln ausstechen und für die Garnierung zur Seite legen. Das restliche Fruchtfleisch von der Schale lösen, würfeln und im Mixer mit dem Orangen- und Limettensaft pürieren. Die Chilischote entkernen und in feine Stücke schneiden. Korianderblätter zupfen, einige zur Seite geben (wieder für die Garnierung), die restlichen Blätter fein schneiden.

Das Melonenpüree in einer Schüssel mit Chili, Koriander und Prosecco verrühren und mit Salz und Pfeffer abschmecken. In den Kühlschrank geben.

Zum Servieren die Krebsschwänze auf Teller geben, das Püree darüber gießen und mit den Korianderblättern und den Melonenkugeln garnieren.

tipp: STATT KORIANDER KÖNNEN AUCH JE 1 STÄNGEL BASILIKUM UND MINZE GENOMMEN WERDEN. DABEI DIE BLÄTTER IN FEINE STREIFEN SCHNEIDEN.

Spinat-Kokos-Suppe mit Garnelen

ZUTATEN: 250 g Riesengarnelen, 300 g Blattspinat, 2 Zwiebeln, 1 Knoblauchzehe, 5 EL Olivenöl, 1/2 TL Kreuzkümmel, 1 l Gemüsebrühe, 300 ml Kokosmilch (aus der Dose), Salz, Cayennepfeffer, 1/2 TL frischer Ingwer, 2 EL Sesamsamen

ZUBEREITUNG:

Die Garnelen schälen, am Rücken einschneiden und den Darmfaden entfernen. Blattspinat waschen, harte Stiele entfernen und grob schneiden. Zwiebeln und Knoblauch schälen und würfelig schneiden. 3 EL Öl in einem großen Topf erhitzen. Zwiebeln und Knoblauch darin andünsten. Spinat zugeben und zusammenfallen lassen. Kreuzkümmel darüber streuen.

Brühe und Kokosmilch angießen und aufkochen. Die Suppe mit Salz und Cayennepfeffer würzen. Ingwer darüber reiben und etwa 10 Minuten köcheln lassen. Mit dem Stabmixer pürieren. Sesamsamen in einer Pfanne ohne Öl leicht anrösten. Die Garnelen in 2 EL Öl etwa 2 Minuten braten. Etwas salzen. Garnelen und Sesam in die Suppe geben.

tipp: STATT GARNELEN KÖNNEN AUCH KLEINE FISCHFILETWÜRFEL VERWENDET WERDEN.

Scharf-saure Garnelensuppe

ZUTATEN: 1/2 Bund Koriander, 2 Schalotten, 200 g frische Austernpilze, 2 Knoblauchzehen, 2 cm frischer Ingwer, 2 Stängel Zitronengras, 1 Chilischote, 500 g Garnelen, 3 TL Chilipaste (Sambal Oelek), 800 ml Geflügelbrühe, 1 EL Fischsauce, 3 EL Limettensaft

ZUBEREITUNG:

Den Koriander waschen, trocken tupfen, von den Stielen zupfen und fein hacken. Die Schalotten schälen und fein würfeln. Die Austernpilze waschen, mit Küchenpapier trocken tupfen und in Streifen schneiden. Die Knoblauchzehen sowie den Ingwer schälen und fein würfeln. Die Zitronengrasstängel schälen und nur das letzte Drittel in je zwei Teile schneiden. Chilischote putzen, die Kerne entfernen und fein würfeln. Die Garnelen waschen, am Rücken entlang einschneiden und den Darmfaden entfernen.

Chilipaste in einem Topf anbraten, Schalotten-, Knoblauch- und Ingwerwürfel sowie Zitronengras hinzufügen und 2 Minuten mitbraten. Mit Geflügelbrühe aufgießen, einmal aufkochen, Austernpilze dazugeben und bei mittlerer Hitze 15 Minuten köcheln lassen. Chili, Fischsauce und Limettensaft einrühren. Dann die Garnelen dazugeben. Noch etwa 5 Minuten ziehen lassen, Zitronengras herausnehmen und den Koriander einrühren.

2.3. SUPPEN MIT FLEISCH

Zuppa pavese

ZUTATEN: 3 Karotten, 3 Stangen Sellerie, 1 l Rinderbrühe, 30 g Butter, 2 Knoblauchzehen, 4 Scheiben Weißbrot, 4 Eier, Salz, 50 g frisch geriebener Parmesan, 2 EL glatte Petersilie

ZUBEREITUNG:

Karotten und Sellerie waschen, putzen und in feine Würfel schneiden. Gemüse in der Brühe 10 Minuten kochen lassen.

Butter in einer Pfanne zergehen lassen. Geschälten Knoblauch in die Pfanne pressen und die Weißbrotscheiben in heißem Fett von beiden Seiten braun braten.

Brot in vorgewärmte Teller legen. Auf jede Brotscheibe vorsichtig ein rohes Ei gleiten lassen. Mit wenig Salz würzen. Mit Parmesan bestreuen. Kochende Brühe vorsichtig darüber gießen, das Ei soll auf der Brotscheibe liegen bleiben.

Mit gehackter Petersilie bestreuen und sofort servieren.

Ochsenschwanzsuppe

ZUTATEN: 750 g Ochsenschwanz (in 3 cm lange Stücke geschnitten), 500 g Kalbsknochen, 2 Zwiebeln, 2 Karotten, 2 Gelbe Rüben, 1/2 Knolle Sellerie, 2 Petersilienwurzeln, 1 Stange Lauch, 1 Tomate, 3 EL Sonnenblumenöl, 2 l Wasser, 2 Lorbeerblätter, 3 Wacholderbeeren, 10 schwarze Pfefferkörner, 3 Zweige Thymian, Eiklar zum Klären, Salz, frisch gemahlener schwarzer Pfeffer, 4 EL trockener Sherry

ZUBEREITUNG:

Den Ochsenschwanz in den Gelenken durchtrennen oder vom Fleischhauer durchtrennen lassen. Die Zwiebeln schälen und vierteln. Gemüse putzen und schälen und in große Stücke schneiden. Den Lauch putzen, waschen und ebenfalls in große Stücke schneiden. Die Tomate vom Stielansatz befreien und vierteln.

Das Öl in einem großen Topf erhitzen, die Ochsenschwanzstücke und Kalbsknochen darin bräunen. Das Gemüse hinzugeben, mit Wasser ablöschen und mit den Gewürzen und Thymian würzen. Etwa 2 Stunden köcheln lassen. Immer wieder Schaum abschöpfen.

Die Brühe durch ein feines Sieb gießen. Mit Eiklar klären. Das Fleisch vom Ochsenschwanz ablösen und in kleine Würfel schneiden. Die Suppe mit Salz, Pfeffer und Sherry abschmecken.

tipp: ALS EINLAGE PASSEN AUCH FEINE GEMÜSE ODER GEFÜLLTE RAVIOLI.

Kalbssuppe mit Estragon

ZUTATEN: 500 g Kalbsstelze, 3 Karotten, 1 Gelbe Rübe, 1 Petersilienwurzel, 100 g Knollensellerie, 1/2 Lauchstange, Saft von 1/2 Limette, 60 g Butter, 50 g Mehl, 20 ml Sauerrahm, 10 ml Obers, 10 g frische Estragonblätter, 1 EL Estragonessig, Salz, frisch gemahlener schwarzer Pfeffer

ZUBEREITUNG:

Das Fleisch der Kalbsstelze in etwa 2 bis 3 cm große Würfel schneiden. Gemüse putzen und in kleinere Würfel oder Scheiben schneiden. Fleisch und Knochen mit kaltem Wasser aufsetzen.

Nach dem Aufkochen den Schaum abschöpfen, das Gemüse zufügen, leicht salzen und mit der Hälfte des Limettensaftes würzen. Auf mittlerer Flamme gar kochen.

Butter in einem Topf zergehen lassen, Mehl hinzufügen und kräftig rühren. Sauerrahm und Obers dazugeben und weiter rühren. Zur Suppe geben und aufkochen lassen. Danach mit den feingeschnittenen Estragonblättern, etwas Estragonessig und dem restlichen Limettensaft würzen. Mit Salz und Pfeffer abschmecken.

Brotsuppe

ZUTATEN: 2 Zwiebeln, 40 g Lauch, 2 Karotten, 200 g Schwarzbrot, 2 EL Butterschmalz, 2 Knoblauchzehen, 1 l Rinderbrühe, 50 ml Sauerrahm, 1 Eidotter, Salz, schwarzer Pfeffer aus der Mühle, 1 Msp. Muskatnuss, 1 Bund Schnittlauch

ZUBEREITUNG:

Eine Zwiebel schälen und würfeln. Gemüse putzen und klein schneiden. Brot würfeln. 1 EL Butterschmalz in einem Topf erhitzen, die Hälfte der Zwiebelwürfel dazugeben und leicht andünsten. Das kleinwürfelig geschnittene Gemüse, die zerdrückten Knoblauchzehen und das Schwarzbrot beigeben und alles zusammen nochmals durchrösten. Mit Brühe aufgießen und ca. 15 Minuten gut durchkochen lassen.

Die Suppe vom Herd nehmen, Dotter mit etwas Sauerrahm verrühren und in die Suppe einrühren (nicht mehr kochen lassen). Mit Salz, Pfeffer und Muskat würzen. Die restliche Zwiebel kleinwürfelig schneiden und in dem restlichen Butterschmalz goldgelb und resch anrösten.

Die Suppe auf Tassen verteilen und mit einem Klecks Sauerrahm, den gerösteten Zwiebeln und frischem Schnittlauch garnieren. Als weitere Garnitur kann man auch Schwarzbrotwürfel, die in Butterschmalz leicht angeröstet werden, servieren.

Brez'nsuppe

ZUTATEN: 2 Zwiebeln, 2 EL Butterschmalz, 1 Zweig Thymian, 3 Laugenbrezeln, 800 ml Fleischbrühe, Salz, frisch gemahlener schwarzer Pfeffer, 1 Msp. Muskatnuss, 1 Bund Schnittlauch

ZUBEREITUNG: Die Zwiebeln schälen, fein hacken und in einem Suppentopf gemeinsam mit dem fein gehackten Thymian in Butterschmalz weich dünsten. Die Laugenbrezeln in Scheiben schneiden, in den Topf geben und kurz mit den Zwiebeln braten. Mit heißer Fleischbrühe aufgießen. Die Suppe mit Salz, Pfeffer und Muskat kräftig abschmecken. Zugedeckt 5 Minuten ziehen lassen.
Den Schnittlauch waschen, trocken tupfen und klein schneiden. Vor dem Servieren in die Suppe streuen.

Klachlsuppe

ZUTATEN: 2 Schweinestelzen, 2 Lorbeerblätter, 3 Zweige Majoran, 6 Pfefferkörner, 3 Knoblauchzehen, 1 TL Salz, 300 g Wurzelwerk (Karotten, Knollensellerie, Petersilienwurzeln), 500 g Kartoffeln, 1/4 l Wasser, 1 EL Essig, 1 EL Wasser, 2 EL Mehl

ZUBEREITUNG:

Schweinestelzen putzen und mit Wasser und Gewürzen zum Kochen bringen. Mindestens 80 Minuten kochen, dann die kleinwürfelig geschnittenen Kartoffeln und das geputzte und klein geschnittene Wurzelwerk dazugeben und ca. 30 Minuten weiter kochen.

Essig mit Wasser vermischen und Mehl dazurühren. In die Suppe geben und abschmecken.

Mit geriebenem Kren servieren.

Kirchtagssuppe

ZUTATEN: 500 g Beinfleisch vom Rind, 250 g Schweineschulter, 250 g Lammschulter, 4 Hühnerkeulen, 1 Stange Lauch, 2 Karotten, 1/2 Knolle Sellerie, 2 Petersilienwurzeln, 2 Zwiebeln, 4 Knoblauchzehen, 1 Pkg. Safranfäden, 4 Zweige Liebstöckel, frisch gemahlener schwarzer Pfeffer, 6 Pimentkörner, Salz, 1 Lorbeerblatt, 3 Muskatblüten, 1 Zweig Rosmarin, 1/2 TL Aniskörner, 1 TL Kümmel, 250 ml Obers, 125 ml Sauerrahm, 1 EL Mehl, 2 Eidotter

ZUBEREITUNG: Fleisch waschen und putzen. Gemüse putzen und grob schneiden. Rindfleisch, Schweine- und Lammfleisch in kaltem Wasser gemeinsam mit den ungeschälten und halbierten Zwiebeln und den Knoblauchzehen aufstellen und zum Kochen bringen.

Den in etwas lauwarmem Wasser eingeweichten Safran sowie die restlichen Gewürze dazugeben und alles auf kleiner Flamme 2 Stunden kochen lassen.

Nach 60 Minuten die Hühnerkeulen und das Gemüse dazugeben. Nach einer weiteren Stunde das Fleisch herausnehmen und beiseite stellen. Die Suppe durch ein Sieb gießen.

Obers und Rahm mit Mehl und Dotter verquirlen und in die durchgesiebte Suppe gießen. Leicht erhitzen, nochmals mit Salz abschmecken und mit gerösteten Weißbrotwürfeln servieren. Die Fleischstücke würfelig schneiden und als Einlage verwenden.

Fasansuppe mit Steinpilzen

ZUTATEN: 1 Fasan (etwa 1 kg, gerupft und ausgenommen), 1 Karotte, 1/2 Lauchstange, 1/4 Knolle Sellerie, 1 Knoblauchzehe, 150 ml trockner Rotwein, 200 g Steinpilze, 1 l Wild- oder Geflügelbrühe, Salz, frisch gemahlener Pfeffer aus der Mühle, 1 EL Öl, 300 ml Crème fraîche, 100 g Butter

ZUBEREITUNG: Das Gemüse putzen und in feine Würfel schneiden. Knoblauchzehe schälen und fein hacken. Die beiden Fasanbrüste auslösen und die Knochen sowie die Keulen fein hacken.
Das Gemüse in Butter andünsten. Fasanknochen und Keulen dazugeben, 10 Minuten bei milder Hitze weiter dünsten. Fett abschöpfen und mit dem Rotwein ablöschen. Den Knoblauch und die geschnittenen Steinpilze hinzufügen, mit der Wild- oder Geflügelbrühe auffüllen. 1 Stunde bei milder Hitze kochen lassen. Den Fond durch ein feines Sieb passieren und nochmals entfetten.
Fasanfilets mit Salz und Pfeffer würzen. Im heißen Öl 6 Minuten von beiden Seiten braten, aus der Pfanne nehmen, einige Minuten ruhen lassen. Dann in feine Scheiben schneiden und warm stellen.
Die Suppe erhitzen, mit Crème fraîche sowie einigen kalten Butterflocken schaumig mixen.
Das Fasanfleisch auf Suppenteller verteilen. Steinpilze dazugeben und mit der Suppe auffüllen. Mit gehackter Petersilie garnieren.

Linsensuppe mit Reh

ZUTATEN: 150 g Linsen, 100 g geräucherter magerer Bauchspeck, 30 g Butter, 150 g Rehfleisch (Schlegel, Schulter), 2 Karotten, 100 g Knollensellerie, 3 Schalotten, 1 Stange Lauch (nur das Weiße), 150 g Kartoffeln, Gewürzsäckchen (mit 8 weißen Pfefferkörnern, 4 Pimentkörnern, 10 Wacholderbeeren, 1 Lorbeerblatt, 3 Nelken und 1/2 TL Rosmarin), Salz, 2 cl Madeira, Essig, 1 Msp. Zucker, 1 Bund Petersilie

ZUBEREITUNG: Die Linsen waschen und etwa 6 Stunden einweichen.

Den Bauchspeck in feine Würfel schneiden, in der Butter auslassen und hellbraun rösten. Das Fleisch von Haut und Sehnen befreien und in rund 1 1/2 cm lange Stücke schneiden. In der Speckbutter rundum leicht anbraten und herausnehmen.

Das Gemüse und die Kartoffeln putzen, schälen und feinwürfelig schneiden und in der Speckbutter leicht anschwitzen. Die Linsen mit dem Einweichwasser dazugießen. Das Gewürzsäckchen einlegen, salzen und mit soviel Wasser auffüllen, dass alle Zutaten reichlich bedeckt sind.

Zugedeckt im Backrohr bei 160 Grad eine Stunde garen. Nach 30 Minuten das Fleisch zugeben und weiter garen lassen.

Nach dieser Zeit den Madeira zufügen und eventuell mit einem Spritzer Essig und einer Prise Zucker abschmecken. Mit viel fein geschnittener Petersilie bestreuen.

2.4. FRUCHTSUPPEN

Zimtfruchtsuppe mit Mandeln

ZUTATEN: 50 g Lauchstreifen, 150 g Kartoffelwürfel, 150 g Apfelwürfel, 10 g Butter, 100 ml Obers, 150 ml Apfelsaft, 700 ml Gemüsebrühe, 1 TL Curry, 1 TL Zimtpulver, Salz, 1 Msp. Muskatnuss, frisch gemahlener schwarzer Pfeffer, 2 EL Mandelsplitter, 1 EL Schnittlauch

ZUBEREITUNG:

Gemüse und Obst putzen und klein schneiden. Lauch in Butter andünsten, Kartoffel- und Apfelwürfel zugeben und mitschwitzen. Obers, Apfelsaft und Gemüsebrühe angießen, Curry zugeben und zugedeckt köcheln lassen bis die Kartoffeln weich sind.

Mit einem Stabmixer fein pürieren, mit Zimt, Salz, Muskat und Pfeffer abschmecken.

Mandelsplitter in einer Pfanne ohne Fett leicht anrösten. Suppe mit Mandelsplittern und Schnittlauchröllchen garnieren.

Sauerkirschsuppe

ZUTATEN: 700 g Sauerkirschen, 150 g Rohrzucker, 1 Zimtstange, 8 Nelken, Mark einer Vanilleschote, 10 g Speisestärke, 2 EL Obers, 500 ml trockener Rotwein (evtl. Zweigelt oder Blaufränkischer), Melisse zum Garnieren

ZUBEREITUNG:

Sauerkirschen waschen, entstielen und entsteinen. Kirschen mit Zucker, Zimt, Nelken und dem Mark der Vanilleschote in 3/4 l Wasser aufkochen.

Stärke mit 2 EL Obers anrühren, in die Kirschsuppe einrühren, 3 Minuten köcheln lassen. Danach den Rotwein zugießen, vom Herd nehmen und kalt stellen.

Vor dem Servieren die Nelken und den Zimt aus der Suppe nehmen.

Mit Melisse garnieren.

tipp: WER KEINEN ALKOHOL MAG, KANN DEN ROTWEIN AUCH DURCH SAUERKIRSCHENSAFT ERSETZEN. DIE KIRSCHEN KÖNNEN NATÜRLICH AUCH PÜRIERT WERDEN. DANN ABER EINIGE SCHÖNE KIRSCHEN FÜR DIE GARNIERUNG BEISEITE GEBEN.

Kalte Nektarinensuppe

ZUTATEN: 1 kg Nektarinen, 1 l Wasser, 200 ml trockener Weißwein, 100 g Rohrzucker, Saft von 1/2 Limette, 200 ml Obers, 4 EL Pfirsichlikör, etwas gemahlener Kardamom, 4 Kugeln Vanilleeis, 2 EL fein gehackte Minze

ZUBEREITUNG:

Nektarinen schälen, entkernen und in Würfel schneiden.

Sollte sich die Haut schwer lösen, zum Schälen kurz in heißem Wasser blanchieren, dann lässt sich die Haut leicht abziehen.

Zusammen mit 1 l Wasser, Wein, Zucker und Limettensaft in einem Topf ca. 10 Minuten weich kochen.

Obers zugeben, pürieren und gut kühlen, vor dem Servieren mit Pfirsichlikör und Kardamom abschmecken.

Nach Bedarf noch etwas Zucker und Limettensaft beifügen. Die Pfirsichsuppe in große, tiefe Teller gießen, je eine Kugel Vanilleeis in die Mitte setzen und mit Minze bestreut servieren.

Kalte Rhabarbersuppe

ZUTATEN: 1 kg Rhabarber, 250 g Erdbeeren, 100 g Rohrzucker, 1 Vanilleschote, 150 ml trockener Weißwein, 1 EL Speisestärke, 12 Minzeblätter

ZUBEREITUNG:

Rhabarber waschen, schälen und in kleine Stücke schneiden. Erdbeeren putzen, einige schöne Beeren zur Garnierung beiseite stellten.

Die Hälfte des Rhabarber mit Rohrzucker und Erdbeeren ca. 15 Minuten köcheln lassen, dann durch ein Sieb streichen. Von einer Vanilleschote das Mark heraus kratzen, zu der Rhabarbermasse geben und noch einige Minuten weiter köcheln lassen.

Die mit etwas Wein angerührte Speisestärke einrühren, aufkochen und binden lassen. Beiseite stellen und abkühlen.

Restlichen Rhabarber mit etwas Zucker in einer Pfanne bei mittlerer Hitze karamelisieren und warm zur kalten Rhabarbersuppe geben. Die Rhabarbersuppe mit Erdbeeren und Minze garniert servieren.

tipp: DAZU PASST AUCH VANILLEEIS.

Holundersuppe

ZUTATEN: 1 kg Holunderbeeren, 1/2 Zimtstange, 1 Vanillestange, 150 g Rohrzucker, 1 Prise Salz, Saft von 1/2 Limette, 1 EL Speisestärke, 125 ml trockener Rotwein

ZUBEREITUNG:

Die Holunderbeeren werden gewaschen und von den Stielen befreit.

Die vorbereiteten Holunderbeeren mit 1 l Wasser aufkochen.

Durch ein Sieb gießen und dabei die Beeren zerdrücken.

Noch 10 Minuten köcheln lassen, Zimtstange, Vanillemark, Zucker und etwas Salz zugeben. Mit Limettensaft abschmecken.

Speisestärke mit Wein vermischen und die Suppe damit binden. Abkühlen lassen.

tipp: STATT WEIN LÄSST SICH AUCH APFELSAFT VERWENDEN. ALS EINLAGE EIGNEN SICH SÜSSE GRIESS- ODER SCHNEENOCKERL.

3. Eintöpfe

Linseneintopf

ZUTATEN: 250 g Linsen, 5 Kartoffeln, 3 Karotten, 2 Stangen Lauch, 2 Lorbeerblätter, 2 Zweige Thymian, 1 l Brühe, 4 Knoblauchwürste, 2 EL Dijon-Senf, Salz, frisch gemahlener schwarzer Pfeffer, 2 EL Petersilie

ZUBEREITUNG:

Die Linsen über Nacht, besser einen Tag lang, in einer Schüssel mit reichlich Wasser bedeckt einweichen. Das Einweichwasser abgießen und die Linsen in etwa 1 l frischem Wasser 30 Minuten bei mittlerer Hitze weich garen, eventuell zwischendurch abschäumen. Dann die Linsen auf einem Sieb abtropfen lassen.

Die Kartoffeln waschen, schälen und in 2 cm dicke Stücke schneiden. Das restliche Gemüse waschen und putzen. Die Karotten längs halbieren und in 1/2 cm dicke Scheiben schneiden. Den Lauch in feine Ringe schneiden. Die Kartoffeln, das Gemüse und die Linsen gemeinsam mit den Lorbeerblättern und dem Thymian in einen Topf geben. Mit Brühe aufgießen. Würste schräg in Scheiben schneiden und dazugeben.

Zum Kochen bringen und in 20 Minuten gar kochen.

Den Linseneintopf mit Senf, Salz und Pfeffer abschmecken und mit fein gehackter Petersilie bestreuen.

Portugiesischer Bohneneintopf

ZUTATEN: 750 g Lammfleisch aus der Schulter, 1 Zwiebel, 4 Knoblauchzehen, Butter, 5 Tomaten, 2 Lorbeerblätter, 4 Kartoffeln, 6 Karotten, 500 g Fisolen, 1/2 Bund Bohnenkraut, 2 Chilischoten, Salz, frisch gemahlener schwarzer Pfeffer, 1/2 Bund Petersilie

ZUBEREITUNG: Lammfleisch putzen und in 3 cm große Stücke schneiden. Zwiebel und Knoblauch fein hacken. In einem Kochtopf etwas Butter zergehen lassen. Die Zwiebel, den Knoblauch und das Fleisch dazugeben. Bei geringer Hitze ständig umrühren bis das Fleisch Farbe angenommen hat. Tomaten kreuzweise einschneiden und in heißem Wasser blanchieren. Haut abziehen und Strunk mit Kernen entfernen.

Den Fleischtopf mit Wasser aufgießen, danach die geschälten und entkernten Tomaten sowie den Lorbeer dazugeben. Die Chilischoten waschen, trocken tupfen, der Länge nach halbieren, entkernen und fein hacken, ebenfalls zum Fleisch geben. Mit etwas Salz und Pfeffer abschmecken.

Alles umrühren und bei geringer Hitze etwa 90 Minuten köcheln lassen. Kartoffeln schälen und würfeln, Karotten putzen, in Scheiben schneiden und in den Topf geben. 10 Minuten später die in Streifen geschnittenen Fisolen und das Bohnenkraut dazugeben. Noch insgesamt 20 Minuten köcheln lassen. Zum Schluss die Petersilie fein hacken, die eine Hälfte unterrühren und mit der anderen Hälfte das Gericht bestreuen.

Spargeleintopf

ZUTATEN: 500 g neue Kartoffeln, 1,5 kg Spargel, 2 EL weißer Balsamessig, 2 EL Zitronensaft, 200 g Zucchini, 3 Karotten, 1 Gelbe Rübe, 300 g Erbsenschoten (oder 200 g Erbsen), 1 EL Butter, 1 EL Mehl, 100 ml Gemüsebrühe, 125 ml Crème fraîche, 1 Bund Kerbel, Salz, frisch gemahlener Pfeffer, 2 EL Petersilie

ZUBEREITUNG: Kartoffeln in Salzwasser garen und abziehen. Den Spargel waschen und schälen. Weißen Spargel unterhalb des Kopfes bis zum Ende schälen, grünen nur im letzten Drittel. Spargel 15 Minuten mit Salzwasser bedeckt, gewürzt mit Balsamessig und etwas Zitronensaft garen.

Währenddessen Zucchini waschen und in Scheiben schneiden. Karotten und Gelbe Rübe putzen und in Scheiben schneiden. Erbsenschoten öffnen und die Erbsen auslesen. Danach den Spargel abgießen (vom Kochwasser 3/4 l auffangen) und in 5 cm lange Stücke schneiden.

1 EL Butter zerlassen, mit Mehl einstäuben und das Spargelwasser sowie die Gemüsebrühe einrühren. Das Gemüse dazugeben und rund 15 Minuten garen lassen. Crème fraîche einrühren, Spargelstücke und fein gehackten Kerbel zugeben. Das Ganze mit Salz und Pfeffer abschmecken und nicht mehr kochen. Etwas Butter in einer Kasserolle erhitzen, Kartoffeln darin schwenken, mit dem Spargeleintopf anrichten und mit fein gehackter Petersilie bestreuen.

tipp: WER EIN WENIG FLEISCH DAZU HABEN MÖCHTE, KANN ENTWEDER 250 G WÜRFELIG GESCHNITTENEN SCHINKEN DAZUGEBEN ODER AUS 350 G BRATWURSTBRÄT KLEINE NOCKERL FORMEN UND DAZUGEBEN.

Bollito Misto

ZUTATEN: 3 Zwiebeln, 3 Lorbeerblätter, 2 Gewürznelken, 2 l Rinderbrühe, 1 kg Tafelspitz, Salz, frisch gemahlener schwarzer Pfeffer, 1 Stange Lauch, 6 Karotten, 1/2 Stange Sellerie, 400 g Schweineschulter, 3 Hühnerschenkel, 300 g Knoblauchwurst

ZUBEREITUNG: 1 Zwiebel mit Lorbeer und Nelken spicken, in die Brühe geben. Brühe aufkochen. Tafelspitz salzen und pfeffern. In der Brühe bei milder Hitze 1 Stunden offen köcheln lassen. Immer wieder Schaum abschöpfen.

Lauch, Karotten, Sellerie und die restlichen Zwiebeln werden geputzt. Das Weiße vom Lauch in Scheiben schneiden, die Zwiebeln würfeln und das restliche Gemüse in etwa 6 cm lange Stücke schneiden.

Nun die Schweineschulter in den Topf geben. Zuletzt die Hühnerschenkel enthäuten, salzen und pfeffern, gemeinsam mit der Wurst in den Topf geben und das Gemüse dazugeben. Alles nochmals 20 Minuten garen. Fleisch herausheben. Das Hühnerfleisch von den Knochen lösen. Restliches Fleisch und die Wurst in Scheiben schneiden. Auf einer Platte anrichten. Mit dem Gemüse garnieren und etwas Brühe darüber gießen.

tipp: STATT SCHWEINEFILET KANN AUCH ZUNGE GENOMMEN WERDEN UND STATT DER ITALIENISCHEN WURST AUCH KNOBLAUCHWURST. ZUM FLEISCH PASSEN SAUCENDIPS WIE AIOLI ODER GRÜNE SAUCE.

Steirisches Wurzelfleisch

ZUTATEN: 450 g Schweineschulter, 1 Zwiebel, 3 Lorbeerblätter, 5 schwarze Pfefferkörner, 5 Wacholderbeeren, 2 Knoblauchzehen, 1 Zweig Majoran, 1 Zweig Thymian, Salz, 1/8 l Essig, 3 Karotten, 1 Knolle Sellerie, 2 Petersilienwurzeln, 1 Krenwurzel, 2 EL Schnittlauch, 150 g Sauerrahm

ZUBEREITUNG:

Schweinefleisch gemeinsam mit der halbierten, ungeschälten Zwiebel, Lorbeerblättern, Pfefferkörnern, Wacholderbeeren, Knoblauch, Majoran, Thymian und Salz in einen Topf geben. Essig und rund 1 l Wasser dazugießen und 45 Minuten kochen.

Wurzelgemüse putzen und in feine Streifen schneiden. Zum Fleisch geben. Weiter kochen lassen, bis das Gemüse gar ist. Fleisch aus dem Sud nehmen und in Scheiben schneiden. Schnittlauch in Röllchen schneiden und mit dem Sauerrahm vermischen. Fleisch auf einem Teller mit den Wurzeln und einigen Löffeln Kochsud anrichten. Frischen Kren darüber reiben und Schnittlauchrahm dazugeben.

tipp: DAZU PASSEN SALZKARTOFFELN.

Pichelsteiner Eintopf

ZUTATEN: 200 g Markknochen, 250 g Rindfleisch, 150 g Schweinsschulter, 150 g Lammfleisch, 200 g Knollensellerie, 200 g Zwiebeln, 100 g Gelbe Rüben, 100 g Karotten, 1 Petersilienwurzel, 200 g Kartoffeln, 200 g Kohl, 200 g Lauch, 3/4 l klare Gemüse- oder Rinderbrühe, Pfeffer aus der Mühle, Salz, 1 TL frischer gerebelter Thymian, 1 TL frischer Rosmarin, Petersilie

ZUBEREITUNG: Das Fleisch waschen, wenn nötig parieren und in 2 bis 3 cm große Würfel schneiden. Die Knochen waschen und zur Seite stellen. Sellerie, Zwiebeln, Gelbe Rüben, Karotten, Petersilienwurzel und Kartoffeln schälen, würfeln oder in Scheiben schneiden. Den Kohl putzen und nicht zu fein schneiden. Lauch putzen und in feine Rollen schneiden.
Zuerst eine Lage Kartoffeln in den Topf geben, darauf eine Schicht Fleisch, kräftig mit Salz und Pfeffer sowie den gehackten Kräutern würzen. Darauf eine Schicht Gemüse geben und so weiter fortsetzen, bis das ganze Material verbraucht ist. Jede Fleischschicht würzen. Mit einer Schicht Gemüse abschließen und noch einmal kräftig würzen. Mit Wasser seitlich angießen. Deckel auflegen, zum Kochen bringen. Den Topf dann ins Backrohr stellen und rund 60 Minuten bei 160 Grad kochen lassen. Petersilie hacken und den Eintopf damit bestreuen.

tipp: UM DAS GANZE ETWAS PIKANTER ZU MACHEN, KANN MAN AUCH 2–3 PFEFFERONI ODER 2 CHILISCHOTEN FEIN HACKEN UND DAZUGEBEN.

Paprikaeintopf

ZUTATEN: 1 kg Lammfleisch aus der Schulter, 200 g Suppengemüse, 1 Zwiebel, 2 Lorbeerblätter, 1 EL Kümmel, Salz, frisch gemahlener schwarzer Pfeffer, 1 kg rote Paprikaschoten, 500 g speckige Kartoffeln, 4 Paar Knoblauchwürste, 3 EL süßes Paprikapulver, 2 Zweige Thymian, 1 Bund Petersilie, 4 Knoblauchzehen, 2 Pfefferoni, 6 EL Olivenöl

ZUBEREITUNG:

Einen Topf mit 2 l Wasser zum Kochen bringen. Das Fleisch waschen, das Fett abschneiden und in das Wasser geben. Einmal aufkochen lassen. Das Gemüse und die Zwiebel putzen, schälen und in große Stücke schneiden. In den Topf geben und alles zusammen rund 2 Stunden köcheln lassen. Lorbeerblätter und Kümmel dazugeben, salzen und pfeffern. Öfters den Schaum entfernen.

Die Paprikaschoten vierteln, von den Strünken und den Kernen befreien und mit der Hautseite nach oben auf ein Backblech legen und unter den Grill schieben. Rund 7 Minuten rösten lassen, bis die Haut schwarze Blasen wirft. Herausnehmen und die Haut abziehen. Die Hälfte des Paprika in der Küchenmaschine pürieren. Den Rest in 3 cm lange Stücke schneiden. Die Kartoffeln schälen und in große Würfel schneiden. Die Würste schräg in 1 cm dicken Scheiben schneiden.

Wenn das Fleisch fertig gegart ist, herausheben und die Suppe durch ein Sieb in einen neuen Topf gießen. Kartoffeln hineingeben und 15 Minuten köcheln lassen. Dann Paprikapüree, -stücke und -pulver unterrühren. Wieder 10 Minuten kochen lassen.

Das Fleisch in mundgerechte Stücke schneiden. Thymianblätter und Petersilie zupfen und grob hacken. Knoblauch schälen und in Scheiben schneiden. Pfefferoni putzen, das Gehäuse entfernen und in feine Scheiben schneiden. Fleisch, Würste, Pfefferoni und Knoblauch in die Suppe geben und aufkochen lassen. Die Kräuter unterrühren, mit Pfeffer und Salz abschmecken. In Teller füllen und mit ein wenig Olivenöl beträufeln.

tipp: STATT LAMMFLEISCH KANN MAN AUCH SCHWEINEFLEISCH NEHMEN (SCHOPFBRATEN) UND STATT DER KNOBLAUCHWÜRSTE DEBRECZINER.

Irish Stew

ZUTATEN: 800 g Lammkeule oder -schulter, 1 kg Kartoffeln, 1 Stange Lauch, 1 Kopf Wirsing, 2 EL Öl, 2 TL Kümmel, 1 Lorbeerblatt, 3 Zweige Thymian, Salz, frisch gemahlener schwarzer Pfeffer, 1/2 l Gemüse- oder Hühnerbrühe

ZUBEREITUNG:

Das Lammfleisch waschen, trocken tupfen und in 2 cm große Würfel schneiden. Kartoffeln schälen und in 1/2 cm dicke Scheiben schneiden. Lauch putzen und in Scheiben schneiden. Den Wirsing halbieren, den Strunk herausschneiden und großzügig blättrig aufschneiden.

Den Boden eines großen Suppentopfes mit Öl ausstreichen. Eine Schicht Kartoffeln darauf schlichten. Nun eine Schicht Kohl darauf schlichten, dann eine Schicht Fleisch und Lauch und wieder eine Schicht Kartoffeln. Das Fleisch mit Salz und Pfeffer sowie dem Kümmel gut würzen. Lorbeer und Thymianblätter dazugeben. Mit den Schichten fortsetzen, bis alles verbraucht ist. Der obere Abschluss sollte eine Schicht Kartoffeln sein. Etwas Thymian und ein Lorbeerblatt obendrauf legen.

Das Ganze nun vorsichtig mit der Brühe begießen. Bei geschlossenem Deckel ca. 1 1/2 Stunden bei 160 Grad im Backrohr garen. Während der Kochzeit nicht umrühren, aber eventuell etwas Brühe nachgießen.

Wiener Suppentopf

ZUTATEN: 1 kg Suppenfleisch vom Rind, 3–4 weiße Knochen, 2 Markknochen, 1 Zwiebel, 2 Knoblauchzehen, 500 g Suppengemüse (Karotte, Gelbe Rübe, Knollensellerie, Petersilienwurzel, Petersilienblätter, Lauch), 200 g Suppennudeln, 2 cl Sherry, 1 TL frischer Liebstöckel, Salz, frisch gemahlener schwarzer Pfeffer, 1 EL Schnittlauchröllchen, 1 EL Kren

ZUBEREITUNG:

Fleisch und Knochen in so viel kaltem Wasser ansetzen, dass das Fleisch knapp bedeckt ist und langsam erhitzen. Öfters abschäumen. Zugedeckt dann 2 Stunden köcheln lassen. Gemüse putzen, in Würfel schneiden. Den Lauch in feine Rollen schneiden. Wenn das Fleisch gar ist, herausheben und die Suppe durch ein Sieb in einen anderen Topf gießen.

Ein wenig aufkochen lassen und das Gemüse dazugeben. Etwa 10 Minuten leicht kochen lassen, bis es kernig weich ist. Dann gibt man die getrockneten Suppennudeln dazu und lässt sie 3 bis 4 Minuten mitziehen.

Die Suppe vom Herd nehmen und mit 2 cl trockenem Sherry, Salz, Pfeffer und Liebstöckel abschmecken. Fleisch feinblättrig schneiden und beim Servieren in die Terrine geben. Mit Schnittlauchröllchen und reichlich frisch geriebenem Kren bestreuen.

Stifado

ZUTATEN: 2 kg Rinderbraten, Olivenöl, Zitronensaft, 2 Zwiebeln, 4 Knoblauchzehen, 1/4 l trockener Rotwein, 2 EL Rotweinessig, 1 Msp. Kreuzkümmel, 1 Msp. Zimt, 2 Zweige Oregano, 2 Lorbeerblätter, 6 Tomaten, 1 kg Schalotten, 2 EL glatte Petersilie, Salz, Pfeffer

ZUBEREITUNG:

Das Fleisch in ca. 5 cm große Würfel schneiden und mit etwas Olivenöl und Zitronensaft marinieren. 6 Stunden zugedeckt ziehen lassen.

Fleisch trocken tupfen und portionsweise kräftig anbraten. Die gewürfelten Zwiebeln dazugeben und bräunen lassen, dann den gehackten Knoblauch dazugeben. Mit Salz und Pfeffer kräftig würzen. Mit Rotwein und Essig ablöschen und weiter braten lassen. Kreuzkümmel, Zimt, Oregano und Lorbeer dazugeben.

Die Tomaten kreuzweise einschneiden, blanchieren, schälen, Kerne entfernen und vierteln. Zusammen mit dem Fleisch in einen Bratentopf füllen, zudecken und im Backrohr bei rund 180 Grad 2 Stunden garen lassen. Nach einer Stunde die Schalotten schälen, halbieren und 5 Minuten in gesalzenem Essigwasser kochen. Abgießen und unter das Fleisch rühren. Am Ende der Garzeit mit Salz, Pfeffer und Essig abschmecken, mit gehackter Petersilie bestreuen und servieren.

Chili con Carne

ZUTATEN: 500 g rote Kidneybohnen, 800 g Rindfleisch, 2 Zwiebeln, 5 Knoblauchzehen, 3 Chilischoten, 6 Tomaten, 4 EL Sonnenblumenöl, 4 EL Tomatenmark, Salz, frisch gemahlener schwarzer Pfeffer, 500 ml Gemüsebrühe, 1 TL gemahlener Kreuzkümmel, 4 Zweige Oregano, 1/2 TL Chilipulver, 1Msp. Cayennepfeffer, 1 Dose Mais

ZUBEREITUNG: Kidneybohnen in einem Topf Wasser für 12 Stunden oder über Nacht einweichen. Öfters Wasser wechseln. Bohnen in frischem Wasser etwa 30 Minuten kochen. Sie sollen gar sein, aber noch nicht zu weich. Rindfleisch putzen und in 2 cm große Würfel schneiden. Die Zwiebeln und die Knoblauchzehen schälen und fein würfeln. Die Chilischoten waschen, trocken tupfen, der Länge nach halbieren, entkernen und fein hacken. Die Tomaten kreuzweise einschneiden und blanchieren, abschrecken und enthäuten. Die Tomaten von den Stielansätzen und Kernen befreien und in kleine Würfel schneiden.

Das Öl in einem großen Topf erhitzen. Die Zwiebel-, Knoblauch- und Chiliwürfel einstreuen und unter Rühren darin andünsten. Das Fleisch hinzufügen und anbraten. Das Tomatenmark dazugeben und alles unter Rühren kräftig anbraten. Die Fleischmischung mit Salz und Pfeffer würzen. Mit der Gemüsebrühe aufgießen, die Tomatenstücke und die Kidneybohnen einrühren. Das Ganze mit Chilipulver, Kreuzkümmel, Oregano und Cayennepfeffer kräftig abschmecken und aufkochen lassen. Nach dem ersten Aufkochen die Hitze reduzieren und das Chili con Carne etwa 30 Minuten zugedeckt leise köcheln lassen. In den letzten 10 Minuten den abgetropften Mais dazugeben.

Cassoulet

ZUTATEN: 400 g weiße Bohnen, 2 Zwiebeln, 2 Karotten, 2 Tomaten, 100 g Speck, Salz, Pfeffer, 2 Lorbeerblätter, 2 Zweige Thymian, 4 Stängel Petersilie, 3 Gewürznelken, 2 Gänsekeulen, 250 g Schweinefleisch, 3 EL Gänseschmalz, 1 Bund Suppengemüse, 1 Paar Knoblauchwürste, 1/8 l trockener Rotwein, 2 EL Tomatenmark, 4 Knoblauchzehen, 1 Bund glatte Petersilie, Cayennepfeffer, 4 Scheiben Toastbrot, 2 EL Butter

ZUBEREITUNG:

Bohnen 12 Stunden oder über Nacht in Wasser einweichen und anschließend abgießen.

Zwiebeln schälen und würfeln, Karotten putzen und in Stücke schneiden, Tomaten häuten, entkernen und vierteln. Speck in kleine Stücke schneiden. Bohnen in einem Topf mit frischem Wasser erhitzen, Gemüse und Speck dazugeben. Kräuter und Gewürze zugeben und das Ganze 70 bis 90 Minuten kochen, die Bohnen sollten gar, aber noch nicht weich sein.

Gänsekeulen entbeinen, in Würfel schneiden. Schweinefleisch in Würfel schneiden und mit dem Gänsefleisch in Gänseschmalz anbräunen. Suppengemüse klein schneiden, Knoblauchwurst in Scheiben schneiden, zum Fleisch geben und etwa zehn Minuten anschmoren.

Nun mit Rotwein ablöschen und etwa 40 Minuten zugedeckt schmoren.

Tomatenmark, gehackten Knoblauch und gehackte Petersilie untermischen und das Ganze mit Cayennepfeffer und Salz abschmecken.

Bohnen nun mit dem geschmorten Fleisch vermischen und in einen ausgefetteten Bratentopf geben.

Das Brot toasten, zerbröseln und darüber streuen. Noch einige Butterflöckchen darüber geben und etwa 70 Minuten im vorgeheizten Backrohr bei 180 Grad garen.

Olla Podrida

ZUTATEN: 250 g Kichererbsen, 2 EL Olivenöl, 2 Zwiebeln, 3 Knoblauchzehen, 250 g Rindfleisch, 250 g Lammfleisch, 250 g Schinken, 3 Knoblauchwürste, Salz, frisch gemahlener schwarzer Pfeffer, 400 g Weißkohl, 250 g Fisolen, 200 g Karotten, 200 g Knollensellerie, 250 g Hühnerfilet, 1 TL Kümmel

ZUBEREITUNG:

Kichererbsen über Nacht einweichen, am nächsten Tag mit 1 1/2 l frischem Wasser aufsetzen und 30 Minuten kochen. Öl in einem großen Topf erhitzen, geschälte und gehackte Zwiebeln und geschälte und zerdrückte Knoblauchzehen darin anrösten, dann das in Würfel geschnittene Rind- und Lammfleisch und den Schinken dazugeben. Kräftig anrösten. Würste schräg aufschneiden und dazugeben, die Kichererbsen mit dem Kochwasser hinzufügen, mit Salz und Pfeffer würzen und insgesamt 100 Minuten bei mäßiger Hitze kochen.

In der Zwischenzeit Weißkohl, Fisolen, Karotten und Sellerie putzen und klein schneiden. Nach 60 Minuten gewürfeltes Hühnerfleisch, Weißkohl, Fisolen, Karotten, Sellerie und Kümmel dazugeben.

Alles bei mittlerer Hitze fertig garen, nochmals abschmecken und in einer Schüssel anrichten.

4. Suppen-einlagen & Saucen

4.1. SUPPENEINLAGEN

Frittaten

ZUTATEN: 200 g Mehl, 2 Eier, 1/4 l Milch, 1/4 l Wasser, 1 Prise Salz, Fett zum Backen

ZUBEREITUNG:

Das Mehl wird mit den übrigen Zutaten zu einem glatten Teig verrührt.

30 Minuten rasten lassen.

In einer Pfanne etwas Öl erhitzen, einen Schöpflöffel Teig hineingeben und auseinanderlaufen lassen.

Auf einer Seite leicht bräunen lassen, wenden und die zweite Seite ebenfalls bräunen lassen. Herausnehmen und abkühlen lassen.

Rollen und in schmale Streifen schneiden.

Croutons

ZUTATEN: 3 Scheiben Toastbrot, 20 g Butter, 2 Knoblauchzehen, 3 EL Olivenöl

ZUBEREITUNG:

Butter in einer beschichteten Pfanne zergehen lassen. Das Toastbrot entrinden und in kleine Würfel schneiden. Den Knoblauch schälen, pressen und mit dem Olivenöl vermischen. Dann zu den Brotwürfeln geben.

Sanft braten, bis die Würfel leicht bräunen, dazu mit dem Kochlöffel die Würfel öfters wenden. Aus der Pfanne auf ein Küchenpapier schütten, damit das überschüssige Fett aufgesogen wird. In einen Suppenteller geben und die Suppe darüber leeren.

tipp: UM KNOBLAUCHCROUTONS ZU ERZEUGEN, IST ES BESSER MIT EIGENEM KNOBLAUCHÖL ZU ARBEITEN. DAFÜR PRESST MAN DIE ZEHEN ZUMINDEST EINER HALBEN, BESSER NOCH EINER GANZEN KNOLLE IN EINE FRÜHSTÜCKSSCHALE, FÜLLT MIT OLIVENÖL ODER EINEM ANDEREN KALTGEPRESSTEN ÖL AUF UND RÜHRT EINMAL UM. DIESE ÖLMISCHUNG HÄLT SICH ZUGEDECKT IM KÜHLSCHRANK FÜR EINIGE WOCHEN. FRISCH GEPRESSTER KNOBLAUCH ÄNDERT BEIM ERHITZEN NÄMLICH SCHNELL SEINE FARBE, WIRD TROCKEN UND UNANSEHNLICH ODER VERBRENNT SOGAR. DIES GESCHIEHT NICHT, WENN ER VORHER IN ÖL EINGELEGT WURDE!

Markknödel

ZUTATEN: 3 Markknochen, 150 g altbackene Semmeln oder Knödelbrot, 240 ml lauwarmes Wasser, 1 Ei, Salz, 1 Msp. Muskatnuss, 1 Bund Petersilie, frisch gemahlener schwarzer Pfeffer, 1 l Brühe

ZUBEREITUNG: Die Markknochen kochen, das Mark auslösen, durch ein feines Sieb auf einen Teller streichen und abkühlen lassen. Semmeln klein schneiden und in lauwarmem Wasser einweichen. Fest ausdrücken. Semmelmasse mit Ei, Salz, Pfeffer, Muskat und gehackter Petersilie verrühren und mit dem Mark verkneten. Etwa 15 Minuten rasten lassen. Kleine Knödel formen. Für 10 Minuten in köchelnde Brühe einlegen und garen.

Petersilnockerl

ZUTATEN: 100 g Mehl, 2 Eier, 30 g Butter, Salz, 2 EL fein gehackte Petersilie (oder Bärlauch)

ZUBEREITUNG: Alle Zutaten zu einem glatten Teig verarbeiten.

Mit einem Teelöffel Nockerl ausstechen und in kochendes Salzwasser geben. Zugedeckt 5 Minuten ziehen lassen.

tipp: PASST ZU KLAREN SUPPEN ALS EINLAGE, ALS BEILAGE ZU EINTÖPFEN, GEKOCHTEM RINDFLEISCH USW.

Suppennudeln

ZUTATEN: 200 g Mehl (Typ 405) bzw. Weizenmehl, 2 Eier, 1 EL Olivenöl, 1/2 TL Salz

ZUBEREITUNG: Mehl auf der Arbeitsfläche anhäufen. In die Mitte eine Vertiefung drücken. Eier, Öl und Salz hineingeben und alle Zutaten schnell vermengen. Sollte der Teig zu fest sein, eine halbe Eierschale voll Wasser hinzufügen. Ist der Teig zu klebrig, mehr Mehl nehmen. Den Teig etwa fünf Minuten kräftig kneten, bis er glatt und geschmeidig wird und sich zu einem Ballen formen lässt.
Den Teigballen mit einem Tuch zudecken und 20 bis 30 Minuten ruhen lassen. Dann Teig kurz durchkneten, mit dem Nudelholz dünn ausrollen, etwas antrocknen lassen und in dünne Streifen schneiden. Falls eine Nudelmaschine vorhanden ist, den Teig durch die entsprechend breiten Formwalzen drehen.
Die Nudeln in sprudelndem Salzwasser 2 Minuten abkochen. Sie sollten noch einen Biss haben. Sofort in die Suppe geben und servieren.

Krennockerl

ZUTATEN: 1 Eiklar, 60 g Topfen (passiert), 2 TL Kren (frisch gerieben), 40 g Mehl, 1 Msp. Muskatnuss, Salz

ZUBEREITUNG: Eiklar mit etwas Salz steif schlagen. Mit Topfen, Kren, Mehl, Muskat und Salz vermengen. Etwas rasten lassen.
Mit zwei Esslöffeln kleine Nockerl formen. In siedendem Salzwasser für 10 Minuten gar ziehen lassen.

Parmesannockerl

ZUTATEN: 2 Eier, 50 g Butter, 1/8 l Wasser, 70 g Mehl, 130 g Parmesan (frisch gerieben), Salz

ZUBEREITUNG: Eier verschlagen. In einem Topf Butter mit Wasser aufkochen. Mehl einrühren und weiter rühren, bis sich die Masse als Teig vom Boden abzulösen beginnt. Topf vom Herd nehmen.
Nach und nach die Eier einrühren. Parmesan dazugeben und mit Salz abschmecken. Mit zwei Teelöffeln Nockerl abstechen und auf Butterbrotpapier setzen. In Brühe oder Wasser für 10 Minuten sieden lassen.

Lungenstrudel

ZUTATEN: Strudelteig, 250 g Schweins- oder Kalbslunge, 1/2 l Wasser, Salz, 1 Zwiebel, 30 g Schweinefett, Salz, Pfeffer, Majoran, Thymian, Kümmel, Petersilie, 2 EL Semmelbrösel, 1 Ei, 2–3 EL Lungensud

ZUBEREITUNG:

Die Lunge in Salzwasser rund 40 Minuten kochen lassen, herausnehmen (einige Esslöffel vom Sud aufheben), auskühlen lassen und fein faschieren. Die Zwiebel schälen, fein hacken. Das Fett in einem Topf erhitzen, die Zwiebel dazugeben und glasig werden lassen. Die faschierte Lunge beigeben und mitrösten. Nun Salz, Pfeffer, Majoran, Thymian und Kümmel dazugeben und unterrühren, evtl. etwas Sud zugeben. Den Topf vom Herd nehmen.

Die Blätter der Petersilie von den Stängeln zupfen und fein hacken. In den Topf geben, die Semmelbrösel darunter rühren sowie ein ganzes Ei einschlagen und einrühren. Erkalten lassen. Den Strudelteig ausrollen und die Masse auf zwei Drittel des Teiges auftragen. Mit einem Tuch einrollen.

Den Strudel mit einem bemehlten Kochlöffel in einem Abstand von 5 cm einkerben. Mit einem Spatel oder einem scharfen Messer die Stücke abtrennen. Die Enden gut zusammendrücken. Die einzelnen Stücke in siedendes Salzwasser einlegen und in etwa 12 Minuten gar ziehen lassen.

Leberknödel

ZUTATEN: 6–8 altbackene Semmeln, 1/8 l Milch, 2 TL Butter, 2 EL feingehackte Zwiebel, 250 g Kalbsleber, 50 g Milz, 1 Ei, 1 EL frisch gehackte Majoranblätter, 2 durchgepresste Knoblauchzehen, 2 EL Petersilie, Salz, 1 Msp. Muskatnuss, 1–2 EL Mehl

ZUBEREITUNG:

Die Semmeln würfeln und in eine Schüssel geben. Die Milch erhitzen, darüber gießen, das Ganze durchkneten und abkühlen lassen.

Die Butter erhitzen und die Zwiebel darin anschwitzen. Etwas abkühlen lassen und zu der Semmelmasse geben.

Die Kalbsleber und die Milz durch den Fleischwolf drehen und zur Semmelmasse geben. Ei, Majoran, Knoblauch, gehackte Petersilie, Salz, Muskat sowie Mehl hinzufügen und das Ganze mit den Händen zu einer kompakten Masse verarbeiten. Etwa 1 Stunde ruhen lassen.

Dann aus der Masse mit feuchten Händen Knödel formen. Reichlich Salzwasser zum Kochen bringen. Die Knödel einmal darin aufkochen lassen und danach in ca. 15 Minuten gar ziehen lassen.

Speck-Schwarzbrot-Knödel

ZUTATEN: 250 g durchwachsener Speck, 1 1/2 EL Schnittlauchröllchen, Salz, schwarzer Pfeffer aus der Mühle, 250 g gewürfeltes Schwarzbrot, 1/8 l Milch, 1 Ei, 1–2 EL Mehl

ZUBEREITUNG:

Speck würfeln und in einer Schüssel mit dem Schnittlauch vermischen. Die Masse salzen, pfeffern und etwa nussgroße Kugeln daraus formen.

Die Kugeln für etwa 2 Stunden kühl stellen.

Das Schwarzbrot mit der Milch und dem Ei gründlich vermengen. Salzen, die Masse gut durchkneten und das Mehl einarbeiten. Der Teig sollte halbfest sein.

Auf einer bemehlten Arbeitsfläche zu einer dicken Rolle formen. Von der Rolle Stücke abschneiden und diese flachdrücken. Pro Stück eine Speckkugel darauf legen, den Teig darüber schlagen und Knödel formen.

Reichlich Salzwasser oder Suppe erhitzen und die Knödel darin etwa 20 Minuten gar ziehen lassen.

Kräuterpofesen

ZUTATEN: 200 g Fleischreste, 1 Ei, Salz, Pfeffer, 1 EL Schnittlauch, 1 EL glatte Petersilie, 1/8 l Brühe, 1 kleiner Wecken Toastbrot, 100 g glattes Mehl, 2 verquirlte Eier, 200 g Butterschmalz zum Backen

ZUBEREITUNG:

Fleischreste faschieren, mit Ei, Schnittlauch und Petersilie vermischen und mit Salz und Pfeffer abschmecken.

Etwas Suppe dazugeben und zu einer streichfähigen Masse verarbeiten.

Toastbrot in etwa 5 mm dicke Scheiben schneiden.

Mit der Masse bestreichen und mit einer weiteren Brotscheibe belegen.

Die Brote in Mehl wenden, durch das verquirlte Ei ziehen und in Butterschmalz goldbraun backen.

Danach auf Küchenpapier abtropfen lassen.

Mit Suppe übergossen servieren.

Frischkäsenockerl

ZUTATEN: 200 g Frischkäse, 2 Eidotter, 2 EL Mehl, 3 EL Öl, Salz, Pfeffer

ZUBEREITUNG: Frischkäse mit Dotter, Öl und Mehl vermischen, salzen und pfeffern. Aus der Masse Nockerl abstechen und diese im leicht siedenden Salzwasser 5 Minuten ziehen lassen.

Kalbsnockerl

ZUTATEN: 1 Paar Kalbsbratwürste, 60 g Schinken, 1/2 EL Schnittlauchröllchen, 1 TL glatte Petersilie, Salz, frisch gemahlener Pfeffer

ZUBEREITUNG: Schinken in feine Würfel schneiden. Schnittlauch, Petersilie fein schneiden.

Kalbsbratwurst ausdrücken, mit Schinken und Kräutern gut vermengen, mit Salz und Pfeffer abschmecken.

Von der Schinkenbrätmasse mit einem Löffel Nockerl abstechen. In etwas Suppe rund 2 bis 3 Minuten ziehen lassen.

Grießnockerl

ZUTATEN: 50 g Butter, Salz, 1 Ei, 100 g Grieß

ZUBEREITUNG: Butter mit einer Prise Salz cremig rühren, Ei und Grieß dazugeben. Die Masse glatt rühren und 30 Minuten ruhen lassen. Mit zwei Teelöffeln aus der Masse Nockerl formen. In die heiße Suppe geben und in ca. 15 Minuten gar ziehen lassen.

Backerbsen

ZUTATEN: 1/4 l Wasser, 2 EL Butter, Salz, 40 g Mehl, 1 Ei, 1 Msp. Muskatnuss

ZUBEREITUNG: Wasser mit Butter und Salz in einem kleinen Topf zum Kochen bringen. Wenn das Wasser kocht, den Topf von der Herdplatte nehmen und das gesiebte Mehl unter kräftigem Rühren hineingeben. Den Topf wieder auf den Herd setzen und den Teig unter Rühren so lange erhitzen, bis er sich vom Boden löst.
Den Topf erneut vom Herd nehmen und das Ei mit dem Muskat unter den Teig rühren. Das Backrohr auf 180 Grad vorheizen.

Den Teig in einen Spritzbeutel mit Lochtülle geben.
Ein Backblech mit Backpapier belegen. Erbsengroße Kügelchen auf das Backpapier spritzen.
Auf der zweiten Schiene von oben in etwa 5 Minuten goldbraun backen. Die Backerbsen auskühlen lassen.

Topfen-Mohnnockerl

ZUTATEN: 6 Scheiben Toastbrot, 250 g Topfen, 1 Vanilleschote, 30 g Butter, 30 g Staubzucker, 2 Eier, 1 EL Limettensaft, 20 g gemahlener Mohn, 1 l Wasser, Salz

ZUBEREITUNG: Toastbrot entrinden und im Mixer zu Bröseln verarbeiten. Geschirrtuch in ein Sieb legen, Topfen darauf geben und abtropfen lassen.
Vanilleschote längs halbieren, Mark auskratzen, Schote aufbewahren. Butter mit den Schneebesen cremig rühren. Staubzucker und Vanillemark unterrühren.
Nach und nach die Eier, Topfen, Limettensaft, Toastbrösel und Mohn unterrühren. Die Masse mindestens 1 Stunde kühl stellen.
1 l leicht gesalzenes Wasser mit der Vanilleschote zum Kochen bringen. Aus der Nockerlmasse mit zwei Esslöffeln Nockerl formen und in köchelndem Wasser rund 10 Minuten ziehen lassen.

4.2. SAUCEN

Aioli

ZUTATEN: 5 mittelgroße Knoblauchzehen, 2 Eidotter, 2 EL Weißweinessig, 300 ml Olivenöl, weißer Pfeffer, Salz, 1/2 Limette

ZUBEREITUNG:

Knoblauch schälen und in eine Tasse pressen. Mit Salz vermischen.

In einer Schüssel Dotter mit Pfeffer und Salz und einem EL Weißweinessig schaumig rühren.

Unter kräftigem Rühren das Olivenöl langsam hinzufügen.

Wenn die Masse fest wird, die Knoblauch-Paste hinzufügen.

Mit Pfeffer, Salz und Limettensaft abschmecken.

tipp: ZUR AIOLI KANN MAN AUCH VERSCHIEDENE KLEIN GESCHNITTENE KRÄUTER GEBEN, WIE FRISCHEN KORIANDER, PETERSILIE ODER SCHNITTLAUCH.

Salsa Verde

ZUTATEN: 1 Bund Basilikum, 1 kleine Zwiebel, 3 Knoblauchzehen, 1 EL Kapern, 1 EL Zitronensaft, 2 EL milder Essig, 1/4 l Olivenöl, frisch gemahlener schwarzer Pfeffer, Salz

ZUBEREITUNG: Basilikum, Zwiebel, Knoblauch und Kapern fein zerschneiden und anschließend mit Zitronensaft, Essig und Olivenöl vermengen. Mit Pfeffer und Salz abschmecken.

Mojo Verde

ZUTATEN: 1 Bund Koriander, 6 Knoblauchzehen, 1 TL Kreuzkümmel, 1 TL Salz, 100 ml Olivenöl, 1 Pfefferoni

ZUBEREITUNG: Korianderblätter von den Stielen zupfen und waschen. Pfefferoni halbieren, von den Kernen befreien und klein schneiden. Koriander, geschälten und klein geschnittenen Knoblauch, Pfefferoni, Kreuzkümmel und Salz in einem Mörser zerkleinern, bis eine sämige Creme entsteht. Danach das Olivenöl langsam mit der Paste vermischen und gut verrühren.

ANHANG

Lexikon Österreichisch/Deutsch

Backrohr: Backofen

Bärlauch: wilder Knoblauch

Bauchfleisch: Bauchspeck

Butterbohnen: (gelbe) Wachsbohnen

Dotter: Eigelb

Eierschwammerl: Pfifferlinge

Eiklar: Eiweiß

Faschiertes: Hackfleisch

Fisolen: grüne Bohnen, Brechbohnen

Karfiol: Blumenkohl

Karotte: Mohrrübe, Möhre

Kohl: Wirsing

Kren: Meerrettich

Marillen: Aprikosen

Maroni: Esskastanie

Obers, Schlagobers: Sahne, Schlagsahne

Rote Rüben: Rote Bete

Sauerrahm: Saure Sahne

Schwammerln: Pilze

Semmel: Brötchen

Semmelbrösel: Paniermehl

Stangensellerie: Staudensellerie

Staubzucker: Puderzucker

Suppe: Brühe

Topfen: Quark

Weißkraut, Kraut: Weißkohl

Glossar

Blanchieren

Gemüse wird kurz in kochendes Wasser eingetaucht oder mit kochendem Wasser überbrüht. Es wird dadurch, wie Weißkraut, bekömmlicher und von unangenehmen Geruchsstoffen gereinigt. Blanchiertes Gemüse muss nach dem Überbrühen mit kaltem Wasser abgeschreckt werden, damit es die Farbe behält.

Anschwitzen

Mehl oder Gemüse wird im Fett leicht angeröstet, ohne dass sich die Speise verfärbt. Man sagt auch anlaufen oder anziehen dazu.

Parieren

Besonders Wild, aber auch Lamm oder andere Fleischsorten haben noch viele dünne Hautstücke oder andere Teile, die vor der Zubereitung entfernt werden sollen. Diese Hautabschnitte aber nicht wegwerfen, sondern für Basissuppen verwenden.

Abkürzungen und Maßeinheiten

EL .... Esslöffel (gestrichen)
TL .... Teelöffel (gestrichen)
Msp. .. Messerspitze
Pkg. .. Packung
l ...... Liter
ml .... Milliliter

cl ..... Zentiliter
kg .... Kilogramm
g ..... Gramm
ca. .... circa
cm .... Zentimeter

Gewichtsmaße	1 kg	=	1000 g	=	100 dag
	3/4 kg	=	750 g	=	75 dag
	1/2 kg	=	500 g	=	50 dag
	1/4 kg	=	250 g	=	25 dag
	1/8 kg	=	125 g	=	12,5 dag
			10 g	=	1 dag
Hohlmaße	1 l	=	10 dl	=	100 cl
	1/2 l	=	5 dl	=	50 cl
	1/4 l	=	2,5 dl	=	25 cl
	1/8 l	=	1,25 dl	=	12,5 cl
	1/16 l	=	0,625 dl	=	6,25 cl
Löffelmaße	1 EL Salz	=	20 g	=	2 dag
	1 TL Salz	=	10 g	=	1 dag
	1 EL Zucker/Mehl	=	20 g	=	2 dag

Rezepte von A bis Z